新时期高校实验室建设和管理策略研究

曹啸敏　著

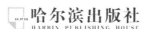

哈尔滨出版社

HARBIN PUBLISHING HOUSE

图书在版编目（CIP）数据

新时期高校实验室建设和管理策略研究 / 曹啸敏著
. -- 哈尔滨：哈尔滨出版社，2023.8
ISBN 978-7-5484-7498-2

Ⅰ. ①新… Ⅱ. ①曹… Ⅲ. ①高等学校—实验室管理
Ⅳ. ①G642.423

中国国家版本馆CIP数据核字(2023)第161319号

书　　名：**新时期高校实验室建设和管理策略研究**
XINSHIQI GAOXIAO SHIYANSHI JIANSHE HE GUANLI CELÜE YANJIU

作　　者：曹啸敏　著
责任编辑：赵　芳
封面设计：蓝博设计

出版发行：哈尔滨出版社（Harbin Publishing House）
社　　址：哈尔滨市香坊区泰山路82-9号　　邮编：150090
经　　销：全国新华书店
印　　刷：天津和萱印刷有限公司
网　　址：www.hrbcbs.com
E-mail：hrbcbs@yeah.net
编辑版权热线：（0451）87900271　87900272
销售热线：（0451）87900201　87900203

开　　本：787mm×1092mm　1/16　印张：11.25　字数：249千字
版　　次：2024年1月第1版
印　　次：2024年1月第1次印刷
书　　号：ISBN 978-7-5484-7498-2
定　　价：68.00元

前 言 Preface

　　本书是一本关于高校实验室建设和管理的综合性著作。高校实验室是高等教育教学、科学研究和技术创新的重要基础设施，对于提高教学质量、推进科学研究、促进社会进步具有重要意义。本书旨在探讨新时期高校实验室建设和管理的策略，以期为高校实验室的规划、建设、管理和运营提供参考依据。

　　本书分为八章，分别介绍了研究背景、研究综述、高校实验室建设与规划、高校实验室管理与运营、高校实验室人才队伍建设、高校实验设备的管理、高校实验室开放与合作以及高校实验室评价与质量保障等方面的内容。其中，研究背景和研究综述部分对国内外高校实验室建设和管理的现状进行了概述，为后续章节的讨论提供了基础。高校实验室建设与规划部分介绍了高校实验室规划的基本原则以及设计和装备选择的要点。高校实验室管理与运营部分探讨了新时期高校实验室管理的重要性、挑战和基本原则、方法，以及安全和风险管理等方面的问题。高校实验室人才队伍建设部分讨论了高校实验室人才队伍建设的重要性、现状和目标、策略，以及评价和激励机制等方面的内容。高校实验设备的管理部分介绍了高校实验设备管理的内容、现状分析以及措施。高校实验室开放与合作部分探讨了高校实验室开放的意义、挑战、基本原则和途径，以及合作的方式和机制等方面的问题。高校实验室评价与质量保障部分介绍了高校实验室评价的意义、目标、指标体系和方法，以及质量保障体系和机制等方面的内容。最后，结论和展望部分对全书进行总结，并展望了未来高校实验室建设和管理的发展趋势。

　　本书旨在为高校实验室建设和管理工作提供理论支持和实践指导，同时也为相关研究提供参考。在本书编写过程中，我们汇集了大量国内外相关研究成果和实践经验，深入分析和探讨了高校实验室建设和管理的核心问题，结合实际案例，提出了一系列具有可操作性的建议和措施。我们希望通过本书的出版，引起广大高校领导、实验室管理者和相关研究者对高校实验室的关注，促进高校实验室建设和管理水平的不断提高，为实现高等教育现代化和国家科技创新战略做出积极贡献。

　　最后，我们要向所有关注、支持和参与本书编写工作的人员表示衷心的感谢，也希望读者们能够在阅读本书的过程中有所收获，为高校实验室建设和管理事业贡献自己的力量。

目 录 Contents

第一章　导论

第一节　研究背景

高校实验室作为科学研究、人才培养和技术转移的重要载体，对于提高高等教育质量、促进科技创新、推动经济发展具有重要意义。随着我国高等教育事业的迅速发展和国家创新驱动战略的实施，高校实验室的建设和管理已经成为当今高等教育发展中的一个重要议题。

近年来，我国高校实验室建设面临着多重挑战。一方面，随着科技进步和社会经济发展，人们要求高校实验室更加精密化、高端化和智能化，但是现有的实验室设施、设备和技术水平与需求之间存在差距。另一方面，高校实验室管理面临的挑战也十分严峻。高校实验室的管理涉及科研管理、人才管理、安全管理、财务管理等方面，而这些方面都需要高校管理者具备较高的管理水平和能力。

因此，加强高校实验室建设和管理已经成为当前高等教育事业中的重要任务。针对上述挑战，需要对高校实验室建设和管理的相关问题进行深入研究，为高校实验室建设和管理提供科学、合理的策略和措施，以推动高校实验室的可持续发展。

在这一背景下，本研究旨在探讨新时期高校实验室建设和管理策略，具体包括以下方面内容：

第一，探讨高校实验室规划和设计的基本原则。通过分析实验室建设的目标和需求，制定科学、合理的规划和设计方案，为实验室建设奠定良好的基础。

第二，分析高校实验室管理面临的挑战和问题，并提出相应的管理策略和方法。通过改善管理流程、建立管理制度和完善管理机制等手段，提升实验室的管理水平和效率。

第三，探讨高校实验室人才队伍建设的重要性和现状。通过制定科学、合理的人才培养、引进和激励机制，吸引和留住高素质的实验室人才，为实验室的发展提供强有力的保障。

第四，分析高校实验设备管理的现状和问题，并提出相应的管理措施。通过加强设备维护和更新、建立设备共享机制等手段，提高设备的使用效率，保障实验室的正常运转。

第五，探讨高校实验室开放与合作的方式和机制。通过开展校内外实验室的合作和共享、促进产学研结合等手段，提高实验室的社会影响力和科技创新能力。

第六，分析高校实验室的评价体系和质量保障机制。通过建立科学、合理的评价体系和质量保障机制，保障实验室的运作效率和质量，为实验室的可持续发展提供有力支撑。

本研究旨在全面深入地研究高校实验室建设和管理策略，为高校实验室建设和管理提供科学、合理的指导意见。同时，本研究的成果也将为高等教育事业的发展提供有益的参考依据。

第二节　研究综述

一、高校实验室的功能

在我国，高等学校的实验室是实践教学、科研和社会服务的重要基地，也是学校教书育人的重要场所。其功能主要表现在以下几个方面：

（一）高校实验室是进行实验教学、开展科学研究的重要基地

高等教育的教学过程主要是由理论教学环节和实践教学环节两部分组成。现代教育理论认为，实验教学不仅是为学生学习理论提供感性材料，为理解疑难概念铺设台阶，而且在促进学生认知结构转化方面具有独到的作用。通过一系列由浅入深、循序渐进的实验训练，全面培养了学生的技术能力、研究能力和创造能力。学校实验室承担着实验教学任务，是进行实验教学的主要场所。同时，高校又是开展科学研究的主战场，近代科学技术史上的一些重大突破都来自大学，如计算机、原子弹、雷达等都是由大学先在理论上、技术上突破的。正因为有了这些成就，高校的科学研究水平才能获得世界公认。因此，高校实验室也是开展科学研究的重要基地。

（二）高校实验室是实现育人宗旨的重要课堂

加强学生综合素质教育是人才培养的重要内容。高等院校必须重视培养既有扎实理论基础，又有实际动手能力和创新能力的实用型人才，使人才培养能更好地适应经济建设和社会发展的需要。所谓教书育人，就是遵循先进的教育理念、科学的教育方法培养能适应时代发展需要，有社会责任感和事业心、有科学文化知识和开拓能力、有志有为、德才兼备的高素质人才。高校实验室在育人方面有其独特的作用，实验室的育人功能是指实验室的教师、科研技术人员和管理人员在教学环节及课余实践学习活动中对学生进行的教育、引导、陶冶等活动，以达到启迪心智、规范品德、培养能力等教育效果。

当今社会，高校实验室已打破常规，由学校延伸到社会，并直接走向国民经济的大市场，真正成为物质文明的探索基地和精神文明的实践基地。通过实验教学，不仅可以授人以知识和技术，培养学生动手能力和分析问题、解决问题的能力，而且影响人的世界观、思维方法和作风。一方面，大学生通过教师们精心策划的演示、论证、模拟、设计、探究

等多种形式的实验教学活动，展开一个过去传统教学模式不能达到的更广阔的思维和学习空间，学生在实验中不仅学会先进的科学技术，灵活掌握和应用专业知识技能，探索解决实际问题的方法和途径，同时也培养了他们追求真理、严谨求实的科学作风，诚实好学、坚韧不拔的优良品德和自我学习、创新的能力，团队合作、开拓创业的精神。使学生能将各种理论知识与科学实践结合，获得解决实际问题的能力，启迪学生探索创新精神，发挥综合潜在能力。另一方面，学校有计划、有目的地组织学生走向社会，深入到对口专业的实践教学基地见习实习，让学生置身于现实社会，将理论知识应用到实际中去，亲身感受现代科技的飞速发展和行业间的激烈竞争，从而努力学习——学会认知，磨练意志——学会生存。所以说，实验室育人是高校教书育人的必要组成部分和必然要求，是实现育人宗旨的重要课堂。

（三）高校实验室是技术创新的有效载体

科学技术的优势要通过技术创新的复杂过程才能转化为生产力，而高校的实验室是开展教学、科研、学科建设和社会服务的重要阵地，一部分实验室可以成为技术创新的有效载体或为技术创新做出一定的贡献。这是因为：高校的科研任务大多是在实验室里完成的，在实验室里开展技术创新可以使其过程中的若干阶段更紧密地结合，加速技术创新的进程，提高效益，较之待科研成果研制开发后再找其他载体试产应用具有明显的优势。其次，实验室与高校内部的各个方面有着密切的联系，通过实验室可充分调动高校各个方面的力量，发挥高校的综合优势为技术创新服务，推动技术创新工作。通过开展技术创新，可以进一步充实和更新实验室的条件，提高技术水平，拓展教学、科研、学科建设和社会服务的功能。同时，实验室与社会和经济有了更广、更深入的接触，为实验室的建设和发展创造出新的增长点，使之跟上时代的步伐。

（四）高校实验室是国际合作交流的重要窗口

当实验室建设规模化、功能更加齐全后，实验室的任务及服务领域就突破了原有的院属、校属的局限，向开放式发展。如今，国际合作日益频繁，中外合作建设的实验室已越来越多，同时，我们的实验发现、实验成果、实验数据等是否被国际上认可，也需通过国际合作与交流来实现，因此，实验室成为国际合作与交流的重要窗口已是必然的趋势。

二、加强我国高校实验室建设与管理的目的、意义

新时期我国高校实验室建设与管理的目的是提升高等教育质量和科技创新能力，以适应国家经济社会发展的需要和人才培养的要求。在此背景下，高校实验室建设和管理的意义如下：

（一）提升高等教育教学质量

高校实验室是高等教育教学和科研活动的重要场所，它的建设和管理直接影响高等教育教学质量。通过实验教学和科研活动，学生可以掌握实践能力和创新能力，提高专业技

能和综合素质，促进学生的创新思维和创新意识的培养。因此，高校实验室建设和管理的目的之一是提升高等教育教学质量，提高学生的学术水平和综合素质。

（二）提高科学研究创新能力

高校实验室是科学研究创新的重要场所，实验室设备先进性和技术水平的提高可以促进科学研究的发展。通过实验室研究，可以发现新的问题，解决实际难题，提高研究人员的科技创新能力。因此，高校实验室建设和管理的目的之一是提高科学研究创新能力，提高高校科技创新能力和竞争力。

（三）促进产学研合作

高校实验室是产学研合作的重要桥梁，通过实验室的建设和管理，可以促进高校与企业、科研机构之间的合作与交流，提高产学研合作的质量和效益。通过产学研合作，可以加强科技成果的转化和推广，促进科技创新和产业调整的协同发展。因此，高校实验室建设和管理的目的之一是促进产学研合作，推动科技创新和产业发展。

（四）加强实验室安全管理

实验室安全管理是保障实验室人员生命财产安全的重要环节，高校实验室建设和管理需要加强实验室安全管理，建立健全的实验室安全管理体系，加强安全培训和宣传，加强实验室安全设施的建设和维护，严格控制危险品的使用和管理，确保实验室安全稳定运行。因此，高校实验室建设和管理的目的之一是加强实验室安全管理，保障实验室人员的安全和健康。

（五）推动高校综合实力提升

高校实验室建设和管理是高校综合实力提升的重要方面，它的水平和质量直接影响高校的发展和竞争力。通过高校实验室建设和管理，可以提高高校的科技创新能力和实践教学能力，加强高校与产业和社会的联系，推动高校综合实力的提升，提高高校在国内外的学术地位和声誉。

综上所述，新时期我国高校实验室建设与管理的目的和意义是多方面的，它关系到高等教育质量、科技创新能力、产学研合作、实验室安全管理和高校综合实力等方面。只有加强高校实验室建设和管理，提高实验室的安全性、稳定性和创新性，才能推动高等教育和科技创新的发展，培养具有国际竞争力的高素质人才，促进国家经济社会的快速发展和高质量发展。

第二章　新时期高校实验室建设与规划

第一节　高校实验室规划的基本原则

一、高校实验室建设的发展渊源

高校实验室是高等教育教学和科研的重要载体，也是培养高素质人才的重要基础。近年来，我国高校实验室的建设经历了长足的发展，不断加强实验室建设的质量和水平，成为高校教学、科研和产学研合作的重要支撑和服务平台。

（一）高校实验室建设的历史背景

高校实验室建设的历史可以追溯到 20 世纪初期的近代教育。当时的中国教育缺乏现代化的教育体系和科学实验条件。因此，一些先进的教育家和科学家开始关注实验室的建设，提出了"实验教学"的观念，旨在通过实践操作，提高学生的科学素养和实践能力。

20 世纪 40 年代以后，高校实验室建设进入了一个新的发展阶段。当时的高校实验室主要以教学为主，实验室设备简陋，缺乏先进的技术设备和管理体系。到了 20 世纪 80 年代，高校实验室建设开始出现了转折点，以科研为主导的实验室建设逐渐兴起，逐步建立起一些具有较高水平的实验室。

（二）高校实验室建设的发展阶段

第一阶段：初期建设期（1949—1977）。

新中国成立后，高校实验室建设进入了初期建设阶段。这个阶段的高校实验室建设主要以教学为主，实验室设备比较简陋，只有一些基本的实验室设备。此时期，我国实验室建设受到了国内外各种因素的限制，主要表现为技术和资金不足，设备落后、老化，科学家和专业技术人才的缺乏。

第二阶段：起步期（1978—1990）。

改革开放以后，高校实验室建设进入了一个新的发展阶段。这个阶段的主要特点是：政策开放、技术引进、设备更新、人才培养等方面都有了长足的发展。高校实验室建设从单纯的教学实验室向科研实验室转型，科研实验室设备水平得到了明显提高。随着我国高等教育的快速发展，高校实验室建设在教学和科研方面的作用越来越受到重视。

第三阶段：快速发展期（1990—2010）。

随着我国经济和科技的不断发展，高校实验室建设进入了快速发展阶段。在这个阶段，高校实验室建设得到了前所未有的支持和重视，随着资金和技术设备的投入不断增加，一批具有较高水平的实验室相继建成。在这个阶段，高校实验室建设的主要特点是设备的更新换代，管理体系的逐步完善，实验室质量的不断提高。

第四阶段：高质量发展期（2010年至今）。

近年来，随着国家经济发展的加速和科技创新的迫切需求，高校实验室建设进入了高质量发展阶段。高校实验室建设从单纯的设备建设向质量建设转变，注重实验室管理的创新和实用，以实验室建设质量为核心，全面提升实验室管理水平和服务质量。

二、高校实验室建设的特征

新时期高校实验室建设是指在新的历史时期，高校针对当前高等教育和科技发展的需要，按照市场化、信息化和国际化的要求，以实用、创新、绿色、安全为建设理念，积极推进高校实验室的建设和管理，提高实验室的服务水平和管理水平，为高校教学、科研、产学研合作提供更好的支撑和服务。新时期高校实验室建设的特征包括以下几个方面：

（一）实验室建设的适应性

新时期高校实验室建设强调实验室建设的适应性，即要根据高校的实际需求和发展战略，建设符合高校教学、科研和产学研合作需要的实验室，提高实验室的服务水平和管理水平。

（二）实验室建设的创新性

新时期高校实验室建设强调实验室建设的创新性，即要加强实验室设备的更新和升级，引进新技术、新设备、新模式，提高实验室的创新能力和水平。

（三）实验室建设的绿色化

新时期高校实验室建设强调实验室建设的绿色化，即要推行节能减排和环保措施，提高实验室能源利用效率，减少实验室对环境的影响，推广低碳、环保的实验室建设理念。

（四）实验室建设的安全化

新时期高校实验室建设强调实验室建设的安全化，即要建立健全实验室安全管理机制和制度，加强实验室安全教育和培训，提高实验室安全管理水平，保障实验室安全运行。

（五）实验室建设的开放性

新时期高校实验室建设强调实验室建设的开放性，即要加强实验室合作和开放，积极推进实验室与产学研合作，扩大实验室服务范围和服务对象，提高实验室资源的利用效率和社会效益。

综上所述，新时期高校实验室建设是在适应新时期高等教育和科技发展需要的基础上，以实用、创新、绿色、安全和开放为建设理念，积极推进高校实验室的建设和管理，为高校教学、科研、产学研合作提供更好的支撑和服务。

三、高校实验室规划的原则

高校实验室规划是高校实验室建设的重要环节，它是实现高校实验室建设和管理目标的基础，必须遵循一些基本原则，以确保高校实验室建设和管理的科学性、合理性和可持续性。以下是高校实验室规划的基本原则：

（一）贯彻国家发展战略

高校实验室规划必须贯彻国家发展战略，紧密结合国家经济社会发展的需要和高校人才培养的要求，充分考虑国家和地区的特点和需求，制定科学的实验室规划和建设方案，促进高校实验室建设与国家发展战略的协调发展。以下是高校实验室规划贯彻国家发展战略的具体要求：

1. 紧密结合国家经济社会发展的需要

高校实验室规划必须紧密结合国家经济社会发展的需要，充分考虑国家重大战略和政策的要求，结合高校学科特色和人才培养的需要，制定科学的实验室规划和建设方案，加快高校实验室建设与国家经济社会的协调发展。

2. 加强产学研合作，促进科技创新

高校实验室规划必须加强产学研合作，促进科技创新。实验室规划要紧密结合产业发展需要，充分发挥高校在科技创新和人才培养中的优势，加强与企业、政府等相关部门的合作和交流，推动科技成果转化和产业升级。

3. 推进高校人才培养，提高人才质量

高校实验室规划必须推进高校人才培养，提高人才质量。实验室规划要紧密结合高校人才培养的需要，充分发挥实验室在人才培养中的作用，加强教学和实践的结合，提高学生的实践能力和创新能力，培养适应国家和地区经济社会发展需要的高素质人才。

4. 加强国际合作和交流，提高国际竞争力

高校实验室规划必须加强国际合作和交流，提高国际竞争力。实验室规划要紧密结合国际化发展的需要，加强与国际先进实验室的合作和交流，引进先进的实验室设备和技术，提高高校实验室的国际化水平，促进高校实验室建设和管理的可持续发展。

（二）需求导向原则

高校实验室规划必须以需求为导向，充分考虑高校教学、科研和产学研合作的需求，结合高校学科特色和发展方向，合理规划实验室的类型、规模和设备配置，以满足高校教学、科研和产学研合作的需要。以下是高校实验室规划以需求为导向的具体要求：

1. 充分了解高校教学、科研和产学研合作的需求

高校实验室规划必须充分了解高校教学、科研和产学研合作的需求，通过对高校课程设置、科研项目和产学研合作需求的调研和分析，明确实验室所要满足的功能和要求，为

实验室规划和设计提供有力的依据。

2. 理规划实验室的类型和规模

高校实验室规划必须合理规划实验室的类型和规模，根据高校实验室所要承担的教学、科研和产学研合作任务，确定实验室的类型和规模，并结合高校学科特色和人才培养的需求，合理规划和配置实验室的设备和资源，以满足高校教学、科研和产学研合作的需求。

3. 优化实验室的布局和设计

高校实验室规划必须优化实验室的布局和设计，根据实验室的功能需求和使用流程，合理布置实验室的区域和功能分区，优化实验室的空间结构和设备配置，提高实验室的效率和利用率。

4. 注重实验室设备的选择和更新

高校实验室规划必须注重实验室设备的选择和更新，根据实验室的需求和发展方向，科学选择实验室设备和技术，采用先进、高效、节能的实验室设备，提高实验室的智能化和信息化水平，并定期进行设备更新和升级，保证实验室设备的先进性和可靠性。

5. 加强实验室管理和运营

高校实验室规划必须加强实验室管理和运营，建立健全的实验室管理和运营体系，加强实验室设施和设备的维护和保养，定期进行设备检测和安全检查，加强实验室管理和技术人员的培训和交流，提高实验室管理和运营的质量和效率，使实验室能够更好地满足高校教学、科研和产学研合作的需求。

（三）注重实用性和创新性

高校实验室规划必须注重实用性和创新性，既要保证实验室的功能和实用性，又要促进实验室建设的创新性和先进性。规划要充分考虑实验室的灵活性和扩展性，尽可能采用先进、高效、节能的实验室设备和技术，提高实验室的智能化和信息化水平。以下是高校实验室规划注重实用性和创新性的具体要求：

1. 注重实验室设备和技术的创新和前瞻性

高校实验室规划必须注重实验室设备和技术的创新和前瞻性，引进和应用先进、高效、智能化的实验室设备和技术，提高实验室的科学性、精密度和效率，以适应未来高校实验室的发展趋势。

2. 优化实验室的布局和设计

高校实验室规划必须优化实验室的布局和设计，充分考虑实验室使用流程和功能需求，合理布置实验室的区域和功能分区，提高实验室的效率和利用率，以满足高校教学、科研和产学研合作的需要。

3. 鼓励实验室的创新和探索

高校实验室规划必须鼓励实验室的创新和探索，鼓励实验室教师和学生参与到实验室的规划和建设中来，推动实验室教学、科研和产学研合作的创新和发展，为高校实验室的发展注入新的动力和活力。

（四）强调整体规划和区域协调

高校实验室规划必须强调整体规划和区域协调，充分考虑实验室的整体性、系统性和协调性，以提高实验室设施的共享性和互用性，促进实验室建设的可持续性和可发展性。以下是高校实验室规划强调整体规划和区域协调的具体要求：

1. 将实验室规划纳入高校整体发展规划中

高校实验室规划必须将实验室建设纳入高校整体发展规划中，充分考虑高校的学科结构、人才培养目标和产学研合作需求，制定实验室建设规划，并将实验室建设与高校其他基础设施建设和学科建设进行协调，形成一体化的发展规划。

2. 统筹实验室的类型和规模

高校实验室规划必须统筹实验室的类型和规模，根据高校教学、科研和产学研合作的需求，合理规划和配置实验室的设备和资源，并与高校其他实验室相互协调，避免重复建设和浪费资源。

3. 优化实验室的布局和设计

高校实验室规划必须优化实验室的布局和设计，考虑实验室的空间结构和使用流程，合理布置实验室的区域和功能分区，避免实验室之间的干扰和冲突，提高实验室的效率和利用率。

4. 注重实验室设备和技术的共享和整合

高校实验室规划必须注重实验室设备和技术的共享和整合，避免实验室之间设备和技术的重复使用和浪费，加强实验室设备和技术的共享和整合，提高实验室设备和技术的利用率和使用效率。

（五）注重生态环境和安全管理

高校实验室规划必须注重生态环境和安全管理，遵循生态环境保护和可持续发展的原则，采用环保、节能的实验室设备和技术，加强实验室安全管理，确保实验室运行的安全、稳定和高效。以下是高校实验室规划注重生态环境和安全管理的具体要求：

1. 注重实验室环保和节能

高校实验室规划必须注重实验室环保和节能，采用环保、节能的设计理念和技术手段，减少对生态环境的影响，保护生态环境，降低实验室运行的能源消耗，提高实验室的可持续发展能力。

2. 建立健全的实验室安全管理体系

高校实验室规划必须建立健全的实验室安全管理体系，建立安全责任制和安全管理制度，加强实验室安全监测和管理，规范实验室的操作流程和操作规范，提高实验室安全意识和安全技能，确保实验室安全运行。

3. 强化实验室安全设施和应急救援能力

高校实验室规划必须强化实验室安全设施和应急救援能力，建立健全的安全设施和应急救援机制，加强实验室安全设施的建设和维护，提高应急救援的能力和水平，确保实验室发生突发事件时能够迅速有效地应对和处理。

4.加强实验室环境监测和污染控制

高校实验室规划必须加强实验室环境监测和污染控制，建立健全的实验室环境监测体系，加强实验室废弃物和污染物的处理和管理，防止实验室对环境造成污染和破坏。

5.加强实验室安全和环保意识的培养

高校实验室规划必须加强实验室安全和环保意识的培养，通过宣传教育、培训等方式，提高实验室教师和学生的安全和环保意识，促进实验室安全文化和环保文化的建设，增强实验室安全和环保的重要性和紧迫性，形成全员参与、全程管理的安全和环保意识。

（六）充分参与和共同决策

高校实验室规划必须充分参与和共同决策，建立合理的决策机制和管理机制，加强与相关部门、高校和企业的合作和交流，形成协同合作的格局，共同参与实验室规划和建设，确保实验室规划的科学性、可行性和可持续性。以下是高校实验室规划充分参与和共同决策的具体要求：

1.建立健全的实验室规划咨询机制

高校实验室规划必须建立健全的实验室规划咨询机制，建立高校实验室规划咨询委员会或专家组，邀请各方面的专家、教授、校内外企业代表、政府代表等参与，形成多方共商、共同决策的实验室规划。

2.听取各方面的意见和建议

高校实验室规划必须听取各方面的意见和建议，广泛征求实验室教师和学生、科研人员、企业代表、政府部门等的意见和建议，充分考虑各方面的需求和利益，形成科学合理的实验室规划。

3.注重实验室规划的透明性和公开性

高校实验室规划必须注重实验室规划的透明性和公开性，及时向各方面披露实验室规划的内容、进展和结果，接受各方面的监督和评价，保证实验室规划的公正性和合法性。

4.强化实验室规划的跨学科和综合性

高校实验室规划必须强化实验室规划的跨学科和综合性，充分考虑高校的学科结构和发展战略，建立跨学科、综合性的实验室规划，为高校教学、科研和产学研合作提供有力支持。

5.加强实验室规划的落实和管理

高校实验室规划必须加强实验室规划的落实和管理，建立实验室规划的实施机制和管理体系，加强实验室规划的执行和监督，定期评估和调整实验室规划的实施情况，确保实验室规划的落地和有效性。

（七）科学管理和运营

高校实验室规划必须注重科学管理和运营，建立健全的实验室管理和运营体系，加强实验室设施和设备的维护和保养，定期进行设备检测和安全检查，加强实验室管理和技术人员的培训和交流，提高实验室管理和运营的质量和效率。以下是高校实验室规划科学管理和运营的具体要求：

1. 建立健全的实验室管理体系

高校实验室规划必须建立健全的实验室管理体系，包括实验室运营管理机制、实验室财务管理机制、实验室设备管理机制、实验室人员管理机制等，建立相应的管理制度和流程，保证实验室管理的科学性、规范性和有效性。

2. 加强实验室设备管理和维护

高校实验室规划必须加强实验室设备管理和维护，建立设备采购、验收、入库、调配、报废等全过程的管理制度和流程，加强设备维护和保养，及时修复和更新老化和损坏的设备，提高设备的利用效率和服务质量。

3. 提高实验室安全管理水平

高校实验室规划必须提高实验室安全管理水平，建立实验室安全管理机制和规章制度，加强实验室安全设施和应急救援能力，加强实验室安全监测和管理，提高实验室安全意识和安全技能，确保实验室安全运行。

4. 加强实验室资源的管理和服务

高校实验室规划必须加强实验室资源的管理和服务，建立实验室资源共享机制，加强实验室资源的利用效率和服务质量，提供优质的实验室服务和支持，满足高校教学、科研和产学研合作的需求。

5. 推行实验室信息化管理

高校实验室规划必须推行实验室信息化管理，建立实验室信息化平台，实现实验室资源的数字化管理和服务，提高实验室运营的效率和质量，为高校教学、科研和产学研合作提供数字化支撑。

（八）注重实验室建设的可持续发展

高校实验室规划必须注重实验室建设的可持续发展，充分考虑实验室建设和管理的长期性和可持续性，采用先进的可持续性技术和设备，实行绿色环保的实验室管理模式，促进实验室建设和管理的可持续发展。以下是高校实验室规划注重实验室建设的可持续发展的具体要求：

1. 建立健全的实验室资源保护和利用机制

高校实验室规划必须建立健全的实验室资源保护和利用机制，建立实验室资源保护和利用的管理制度和流程，加强实验室资源的保护和管理，推行绿色实验室建设，提高实验室资源的利用效率和经济效益。

2. 加强实验室设备的更新和升级

高校实验室规划必须加强实验室设备的更新和升级，及时淘汰老化和落后的设备，引进先进的设备和技术，提高实验室设备的利用效率和服务质量，促进实验室的可持续发展。

3. 推行节能减排和环保措施

高校实验室规划必须推行节能减排和环保措施，加强实验室能源管理，推广低碳环保的实验室建设和运营模式，降低实验室的能耗和污染排放，实现实验室建设的可持续发展。

4. 注重实验室人才队伍的培养和发展

高校实验室规划必须注重实验室人才队伍的培养和发展，建立实验室人才培养和激励机制，加强实验室人才队伍的引进、培养和留用，提高实验室人才队伍的素质和能力，促进实验室的可持续发展。

5. 加强实验室合作与开放

高校实验室规划必须加强实验室合作与开放，建立实验室合作与开放的机制和平台，促进实验室资源的共享和交流，拓展实验室的应用领域和服务对象，提高实验室资源的利用效率和社会效益，推动实验室的可持续发展。

第二节 高校实验室设计和装备选择的要点

一、高校实验室设计的要点

高校实验室是教学和科研的重要场所，实验室设计的合理性和科学性对于提高实验室的功能和效益具有重要意义。因此，高校实验室设计的要点分析十分重要。

（一）实验室设计的目标

高校实验室的设计的目标主要是满足教学和科研的需要，提供一个良好的实验环境，为高校的教学和科研工作提供支持和保障。具体来说，高校实验室设计的目标包括以下几个方面：

1. 提高实验室工作效率

提高实验室的工作效率，实现科研和教学的高效进行。在实验室的设计中，需要充分考虑实验室的功能需求和工作流程，确定实验室的功能区域和布局，规划设备配置，以提高实验室的工作效率。

2. 提高实验室的安全性

提高实验室的安全性，确保实验室人员和设备的安全。在实验室的设计中，需要充分考虑实验室的安全要求，设置安全措施和安全设施，对实验室人员进行安全教育和培训，确保实验室的安全运行。

3. 提高实验室的环境质量

提高实验室的环境质量，确保实验室环境的舒适性和稳定性，为实验工作提供良好的环境条件。在实验室的设计中，需要考虑实验室的通风、照明、温度、湿度等环境要求，控制噪声和振动等干扰，提高实验室的环境质量。

4. 提高实验室的灵活性

提高实验室的灵活性，满足不同实验室的需求变化。在实验室的设计中，需要采用模块化设计，便于随时调整和改变实验室的功能布局，提高实验室的灵活性。

5. 提高实验室的可持续发展性

提高实验室的可持续发展性，确保实验室的长期稳定运行。在实验室的设计中，需要考虑环保可持续原则，选择环保材料和设备，降低能源消耗，减少污染排放，以实现实验室的可持续发展。

6. 提高实验室的科研水平

提高实验室的科研水平，支持高校的科研工作。在实验室的设计中，需要充分考虑科研需求，选用先进的设备和仪器，提高实验室的科研水平和研究能力，促进高校科技创新和发展。

7. 提高实验室的教学水平

提高实验室的教学水平，支持高校的教学工作。在实验室的设计中，需要充分考虑教学需求，选用适合教学的设备和仪器，提供良好的实验环境和教学设施，以提高实验室的教学水平和教学质量。

8. 优化资源配置

优化资源配置，提高实验室的资源利用效率。在实验室的设计中，需要充分考虑资源利用情况，避免资源的浪费和重复配置，提高实验室的资源配置效率和效益。

（二）实验室设计的原则

根据实验室的功能特点，合理分区，设置合适的人员流线，使实验室的不同区域具备相应的功能，便于实验室的操作、管理和使用。下面是高校实验室设计的主要原则：

1. 功能性原则

高校实验室设计的首要原则是功能性原则，即实验室的设计应该以功能需求为导向，保证实验室的功能齐全、配套完备，确保实验室的教学和科研工作能够顺利开展。

2. 安全性原则

高校实验室设计的另一个重要原则是安全性原则，即实验室设计应该以安全为前提，确保实验室的运行安全和人员安全。在实验室的设计中，需要考虑安全措施和安全设施，设置安全警示标志，对实验室人员进行安全教育和培训，确保实验室的安全运行。

3. 环保性原则

环保性原则，即实验室的设计应该以环保为前提，选择环保材料和设备，降低能源消耗，减少污染排放，实现实验室的可持续发展。

4. 灵活性原则

灵活性原则，即实验室的设计应该具有灵活性和可调性，以适应实验室的不同需求变化。在实验室的设计中，需要采用模块化设计和标准化配置，方便实验室的布局和调整，提高实验室的灵活性和可调性。

5. 经济性原则

经济性原则，即实验室的设计应该充分考虑经济效益和资源利用效率，以降低实验室的建设和运行成本，提高实验室的资源配置效率和效益。

6. 人性化原则

人性化原则，即实验室的设计应该符合人体工程学原理，提高实验室的舒适性和使用便捷性。在实验室的设计中，需要充分考虑实验室的通风、照明、温度、湿度等环境要求，提供人性化的工作空间和设施。

7. 美观性原则

高校实验室设计的最后一个原则是美观性原则，即实验室的设计应该注重美观和形式美感，使实验室的外观和内部空间具有艺术性和审美价值。

（三）实验室设计的内容

高校实验室设计的内容是指实验室设计的具体内容和要素，包括实验室的布局、结构、设备和装备等方面。下面是高校实验室设计的主要内容：

1. 实验室的布局

实验室的布局是实验室设计的首要内容，主要包括实验室的空间布局和功能区划。在实验室的空间布局中，需要考虑实验室的功能分区和实验设备的布局，合理利用实验室空间，达到最佳的实验效果。在功能区划方面，需要根据实验室的不同功能设置不同的功能区域，如实验区、样品准备区、储存区、化学品区等。

2. 实验室的结构

实验室的结构是实验室设计的另一个重要内容，主要包括实验室的建筑结构和内部结构。在建筑结构方面，需要考虑实验室的建筑形式和结构类型，选择适当的建筑材料和技术，确保实验室的建筑安全和稳定。在内部结构方面，需要考虑实验室的隔断、门窗、地面、天花板等内部结构设计，以达到实验室空间的最佳使用效果。

3. 实验室的设备和装备

实验室的设备和装备是实验室设计的重要内容，主要包括实验设备和实验室配套设施等。在实验设备方面，需要根据实验室的功能需求选择适当的实验设备和仪器，保证实验设备的质量和性能。在实验室配套设施方面，需要考虑实验室的环境要求，如通风、照明、电力、水源等，以确保实验室配套设施的可靠性和稳定性。

4. 实验室的安全措施

实验室的安全措施是实验室设计的重要内容，主要包括实验室的安全设施和安全规定等。在实验室的安全设施方面，需要设置安全警示标志、灭火器、应急出口、防护设施等，保证实验室的运行安全。在安全规定方面，需要制定实验室的安全操作规程和实验室管理制度，对实验室人员进行安全教育和培训，提高实验室安全管理水平。

5.实验室的环保措施

实验室的环保措施是实验室设计的重要内容，主要包括实验室的废水、废气和废物处理等。在实验室的废水处理方面，需要设置废水处理设施，将实验室的废水进行处理，达到排放标准。在废气处理方面，需要设置废气处理设施，对实验室的废气进行处理，减少对环境的污染。在废物处理方面，需要制定废物处理方案，对实验室产生的废物进行分类、收集、存储和处理，确保实验室的环境卫生和安全。

6.实验室的人性化设计

实验室的人性化设计是实验室设计的重要内容，主要包括实验室的舒适性和便捷性。在实验室的舒适性方面，需要考虑实验室的空气质量、温湿度、噪声等因素，保证实验室的舒适性和人员的人体健康。在实验室的便捷性方面，需要考虑实验室的交通、设施、服务等方面，提高实验室的使用效率和便捷性。

（四）实验室设计的方法

常用的实验室设计方法包括需求分析法、空间布局法、设备配置法、安全设计法、经济实用法等。

1.需求分析法

需求分析法是实验室设计的基础和前提，通过对实验室功能和使用要求的分析，确定实验室的设计目标和要求。在需求分析过程中，需要了解实验室使用的目的、规模、功能、特点等，以及实验室的安全、环保、人性化等方面的要求，为后续的实验室设计提供基础和方向。

2.空间布局法

空间布局法是实验室设计中的重要方法，它通过合理规划实验室的布局和空间分配，保证实验室的使用效率和安全性。在空间布局设计中，需要考虑实验室的功能分区、人流分布、设备配置、照明和通风等方面，确保实验室的整体布局合理、空间分配合理。

3.设备配置法

设备配置法是实验室设计中的重要方法之一，它通过对实验室所需设备的种类、数量、规格等方面的分析和确定，以及对设备的布局和安装方式进行规划，确保实验室设备的配置合理、设备使用效率高。

4.安全设计法

安全设计法是实验室设计中必不可少的一部分，它主要是通过安全分析和风险评估，制定安全设计方案，保障实验室使用过程中的安全。在安全设计中，需要考虑实验室的安全管理制度、安全设备的配置和使用、实验室人员的安全培训和安全操作等方面，以确保实验室的安全性。

5.经济实用法

经济实用法是实验室设计中的重要方法之一，它通过对实验室的建设成本、使用成本、设备维护成本等方面的分析和评估，确定实验室的经济合理性和实用性。在经济实用性设计中，需要考虑实验室的资金来源、建设投入、设备维护和更新等方面，以确保实验室的经济效益和实用性。

二、高校实验室设备的选择和配置

高校实验室是教学和科研的重要场所，实验室设备的选择对于实验室建设和发展具有重要的影响。在选择实验室设备时，需要充分考虑实验室的特点和需要，同时也需要考虑设备的质量和性价比等因素。

（一）实验室设备选择的基本原则

1.需要性原则

实验室设备的选择应该满足实验室教学和科研的需要，同时也要符合实验室的教学计划和科研方向。

2.适用性原则

实验室设备的选择要考虑实验室教学和科研项目的性质和要求，确保设备可以满足实验室的需求。

3.经济性原则

在选择实验室设备时，要充分考虑设备的性价比和成本效益，并尽可能地减少成本。

4.质量原则

实验室设备的选择要考虑到装备的质量和可靠性，确保设备能够长期稳定运行。

5.服务原则

实验室设备的选择要考虑到厂商的售后服务，选择提供优质售后服务的厂商，以保障设备的质量和维修服务。

（二）实验室设备选择的具体内容

1.基础设施

实验室基础设施是实验室建设的基础，包括通风设备、空调设备、供水和排水设备等，为实验室提供基础的物理环境。在实验室设备选择中，要考虑实验室的规模和需求，选择适当的基础设施，以保障实验室的运行和教学效果。

2.实验器材

实验器材是实验室教学和科研的基本设备，包括各类化学、物理、生物等实验器材，如试管、烧杯、移液器、显微镜等。在选择实验器材时，需要考虑到实验项目的性质和要求，选择适合的器材，以满足实验室的教学和科研需要。

3.实验仪器

实验仪器是实验室教学和科研的重要设备，包括各类化学、物理、生物等实验仪器，如色谱仪、质谱仪、分光光度计、电子显微镜等。在选择实验仪器时，需要充分考虑实验室的需求和使用频率，同时也需要考虑到实验仪器的性能和价格，选择符合实验室需求且性价比高的实验仪器。

4.计算机设备

计算机设备是实验室教学和科研中不可缺少的设备之一，包括台式计算机、笔记本电脑、服务器等，还包括各种软件和数据存储设备。在选择计算机设备时，需要考虑实验室的使用需求和数据处理能力，选择性能稳定、使用方便、价格合理的计算机设备和软件。

5.电子元器件和机械设备

电子元器件和机械设备是实验室设备中的重要组成部分，包括各种传感器、电机、电子开关、控制器等电子元器件，以及各种机械设备，如机床、车床、钳工设备等。在选择电子元器件和机械设备室，需要考虑实验室的使用需求和使用频率，选择性能稳定、使用方便、价格合理的设备。

（三）实验室设备配置的注意事项

1.配置要合理

实验室设备的配置要充分考虑实验室的需求和使用频率，不能盲目购买过多的装备，浪费实验室的资源。合理配置实验室设备需要考虑多个方面的因素，以下是一些需要注意的要点：

（1）根据实验室的需要和研究方向进行配置

不同实验室有着不同的研究方向和需求，因此，实验室设备的配置应该根据实验室的需要和研究方向进行合理配置。例如，生物实验室需要配置生物技术设备、生物制药设备、光学显微镜等；化学实验室需要配置化学分析仪器、试剂和设备等。

（2）优先选择多功能、高效和智能化设备

在实验室设备的选择中，需要优先考虑多功能、高效和智能化的设备。多功能设备可以同时完成多项实验，减少设备数量和使用成本；高效设备可以提高实验效率，降低实验时间和成本；智能化设备可以减少人工操作，提高实验效率和准确性。

（3）考虑设备的使用寿命和维修成本

实验室设备的使用寿命和维修成本是需要考虑的重要因素。应该选择寿命长、质量好、维修成本低的设备，这样可以降低实验室的使用成本和维护成本，同时减少设备更换的频率。

（4）考虑实验室空间和安全性

实验室设备的配置还需要考虑实验室空间和安全性。实验室设备应该根据实验室的实际使用情况进行合理布局，尽量充分利用空间，减少设备的浪费。此外，实验室设备的使用需要符合相关的安全规范，保证实验室人员的安全。

（5）考虑国家和地区的标准和规定

实验室设备的选购和配置需要遵循国家和地区的标准和规定。例如，一些需要特殊资质或证书的仪器，需要先获得相关资质或证书，才能进行选购和使用。

（6）建立实验室设备的管理和维护机制

实验室设备在配置之后，还需要建立相应的管理和维护机制。对于实验室设备的管理，需要建立设备台账和使用记录，确保设备的正常使用和维护；对于实验室装备的维护，需要建立定期检修、保养和维修机制，保证设备的正常运转和使用寿命。

（7）考虑设备的价格和预算

实验室设备的价格和预算也是需要考虑的重要因素。在选择实验室设备时，需要根据实验室的预算和经费情况进行合理的选择和配置，避免因为设备价格过高而影响实验室的正常运转和经费使用。

综上所述，实验室设备的合理选择和配置需要考虑多个方面的因素，包括实验室的需求和研究方向、设备的多功能、高效和智能化、设备的使用寿命和维修成本、实验室空间和安全性、国家和地区的标准和规定、设备的价格和预算等。在实验室设备的管理和维护方面，也需要建立相应的机制，保证设备的正常使用和维护，为实验室的科学研究提供有力的支持和保障。

2.品质要过硬

实验室设备的品质和可靠性是关键，不能为了节约成本而牺牲设备的品质和可靠性。实验室设备的品质过硬对于实验室的科研工作非常重要，具体表现在以下几个方面：

（1）精确度高

实验室装备的精度直接关系到实验数据的准确性和可靠性。在实验室研究中，精度是非常关键的，因为一点儿微小的误差就可能影响到最终的实验结果。因此，实验室设备的精度要求非常高，必须具备高度的稳定性和精确度。

（2）非常稳定

实验室设备的稳定性也是非常重要的。在实验过程中，任何的不稳定因素都会影响实验的结果。如果实验设备不够稳定，很容易出现误差，导致实验数据不准确，甚至不能达到预期的研究目的。因此，实验室设备的品质必须非常稳定。

（3）耐用性强

实验室设备的使用寿命直接关系到实验室的经济效益。一些高价值的实验室设备通常都非常昂贵，如果使用寿命过短，会给实验室造成巨大经济损失。因此，实验室设备的品质必须非常耐用，能够长期稳定地工作。

3.厂家要信誉良好

实验室设备的厂家要具有良好的信誉，提供优质的售后服务，确保实验室设备的正常运行和维护。一家信誉良好的厂家通常会具备以下特点：

（1）专业技术能力强

厂家的专业技术能力直接关系到生产出的产品的品质和性能。一个具备较高技术能力的厂家可以生产出更加优秀的产品，提供更好的售后服务。

（2）售后服务及时

良好的售后服务是一个厂家赢得客户信任和口碑的重要因素。一个良好的厂家会为客户提供及时的售后服务和技术支持，解决客户在使用产品中遇到的问题。

（3）价格合理

良好的厂家在价格方面也应该具有合理性，不能过高或过低，应该与市场价相符。

因此，实验室在选择设备时，需要仔细考虑厂家的信誉度，选择信誉良好的厂家可以保证实验室设备的品质和性能，同时也能够得到及时的售后服务和技术支持，为实验室的科研工作提供有力的支持和保障。

4. 维护保养要得当

实验室设备的维护保养是保证装备正常运行和延长使用寿命的关键，实验室管理人员应该定期检查和维护装备。下面是一些实验室装备维护保养的方法和注意事项：

（1）定期检查和维护

实验室设备应定期检查和维护，检查项目包括设备的电气、机械、液压、气动、传感器等方面，以确保设备的正常运行和安全性。

（2）保持设备的清洁和干燥

实验室装备应保持清洁和干燥，避免灰尘和水分对设备的影响，同时也要注意设备的防潮防锈。

（3）避免过载使用

实验室设备应避免过载使用，避免设备过度磨损和损坏。

（4）合理使用设备

实验室设备应合理使用，避免操作不当和错误使用导致设备的故障和损坏。

（5）及时更换易损件

实验室设备的易损件应及时更换，避免设备因易损件的损坏而出现故障。

（6）做好备件管理

实验室设备备件的管理应及时、准确、全面，避免因备件不足而影响设备的正常使用和维护保养。

（7）做好设备记录和档案管理

实验室设备的记录和档案管理应及时、准确、全面，记录设备的使用情况、维护保养情况、故障情况等信息，为设备的管理和使用提供参考。

综上所述，实验室设备的维护保养是实验室管理中不可忽视的重要环节。通过合理的维护保养可以保证实验室设备的使用寿命和稳定性，提高设备的可靠性，为实验室的科研工作提供有力的支持和保障。

5. 更新换代要及时

随着科技的发展和实验室需求的变化，实验室设备也需要不断更新换代，以满足实验室的需求。以下是高校实验室设备更新换代的一些重要内容和注意事项：

（1）制订更新换代计划

高校实验室应该根据实验室的科研需求和装备的使用情况，制订更新换代计划。计划应该包括设备的更新换代时间、更新换代内容、更新换代资金来源等内容，并得到相关部门和领导的支持和认可。

（2）关注技术发展和市场动态

高校实验室应该关注技术发展和市场动态，了解新技术和新产品的发展情况，及时更新实验室设备，提高实验室的科研水平和竞争力。

（3）评估设备的使用效果和经济效益

高校实验室应该对设备的使用效果和经济效益进行评估，了解设备的使用情况和性能表现，确定是否需要进行更新换代。

（4）选择合适的设备

高校实验室应该选择适合实验室需求的设备，选择具有先进技术和优良性能的产品，并且要考虑设备的可靠性、易维护性、成本效益等因素。

（5）确定设备更新换代的资金来源

高校实验室应该根据实验室的需求和资金情况，确定设备更新换代的资金来源，包括自筹资金、科研项目经费、政府补贴等渠道，确保更新换代计划的顺利实施。

（6）做好旧设备的处理

高校实验室应该做好旧设备的处理，包括拍卖、捐赠、回收等方式，避免浪费资源和对环境的污染。

综上所述，高校实验室设备的更新换代是实验室管理中不可忽视的重要环节。高校实验室应该制订更新换代计划，关注技术发展和市场动态，评估装备的使用效果和经济效益，选择合适的设备，确定资金来源，做好旧设备的处理，以确保实验室设备的更新换代工作的顺利实施。

（四）实验室设备选择的难点和对策

1.需求不确定性

实验室的需求不确定性较大，随着科学技术的发展和实验室的使用需求的变化，实验室装备的选择也需要不断调整和改变。

解决对策：实验室管理人员需要与实验室教师和科研人员保持密切联系，了解实验室的需求和使用情况，及时调整和改变实验室设备的选择。

2.装备质量不可靠

一些实验室设备的质量和可靠性难以保证，容易出现故障或者影响实验结果。

解决对策：实验室管理人员需要选择具有良好信誉和质量保证的厂家和产品，要做好对设备的维护保养，及时更换老化或失效的设备。

3.装备维护难度大

一些实验室设备的维护难度较大，需要专业技术人员进行维护，而实验室管理人员的技术水平有限，难以进行维护。

解决对策：实验室管理人员需要与装备厂家建立良好的合作关系，建立专业技术人员维护团队，定期进行设备维护和保养。

4. 装备更新换代快

随着科技的发展和实验室需求的变化，实验室装备更新换代的速度较快，对实验室管理人员提出了更高的要求。

解决对策：实验室管理人员需要关注科技发展趋势，了解新设备的性能和特点，及时更新实验室设备，提高实验室设备的使用效率和水平。

总之，实验室设备的选择和配置是实验室管理工作的重要组成部分，需要实验室管理人员深入了解实验室的需求和使用情况，选择合适的设备，并做好设备的维护保养工作，以确保实验室的正常运行和发挥最大的作用。同时，随着科技的发展和实验室需求的变化，实验室设备也需要不断更新换代，实验室管理人员需要关注科技发展趋势，及时更新实验室设备，以提高实验室的使用效率和水平。

第三章　新时期高校实验室管理与运营

第一节　新时期高校实验室管理的重要性和挑战

一、新时期高校实验室管理的重要性

高校实验室是高等教育和科学研究的重要基础设施，具有极高的战略地位和重要性。因此，高校实验室管理的重要性不言而喻。

（一）保障实验室运行安全

高校实验室管理的首要任务是确保实验室运行的安全，保障实验室工作人员和学生的生命财产安全。实验室管理要注重从实验室设计、装备采购、使用流程到废弃物处理等方方面面的环节，全面提升实验室的安全管理水平。实验室管理对于实验室运行安全的保障作用主要体现在以下几个方面：

管理制度的建立：实验室管理需要建立一套完善的管理制度和规章制度，包括实验室使用和管理的各项规定和程序。这些规定和程序包括实验室的开放时间、实验室的使用规定、实验安全措施、实验设备的维护等等，通过制定科学的管理制度，实验室的使用和管理可以更加规范化和安全化。

人员管理：实验室管理需要对实验室内的人员进行管理，包括实验室的使用人员、实验室管理人员和维护人员等。实验室管理人员需要制定人员使用规定和程序，对实验室的使用人员进行安全教育和管理，同时要对实验室维护人员进行培训和管理，以确保实验室设备的正常运作。

设备管理：实验室管理需要对实验设备进行管理和维护，包括对实验设备的检测、校准、保养和维修等工作。实验室管理人员需要对实验设备进行管理，确保设备的正常运作，减少设备故障的发生，提高实验数据的准确性和可靠性。

安全管理：实验室管理需要对实验室的安全进行管理和控制，包括实验室内部的安全管理和实验室对外的安全管理。实验室管理人员需要制定实验室安全制度和安全预案，开展安全教育和培训，建立安全档案，加强实验室的安全监测和预防，减少事故的发生。

综上所述，高校实验室管理保障实验室运行安全的作用十分重要，实验室管理人员需

要制定科学的管理制度，对实验室的使用人员、维护人员、设备和安全进行全面管理和控制，以确保实验室的顺利运行和安全稳定。

（二）提高实验室效益

高校实验室的建设和运营需要投入大量的资源和资金，因此，实验室管理要从实验室的效益出发，提高实验室的科研和教学水平，使实验室发挥更大的作用，为学校和社会做出更大的贡献。实验室管理对提高实验室效益具有以下几个方面的作用：

提高实验室利用率：可以通过规范实验室的开放时间、使用流程等措施，提高实验室的利用率。实验室利用率的提高可以使实验室资源得到更加充分的利用，降低实验室运行成本，提高实验室的经济效益。

优化实验室设备配置：可以根据实验室的实际需求和发展方向，对实验设备进行优化配置，提高实验室的技术效益。实验设备的优化配置可以提高实验效率，减少实验成本，同时也可以提高实验数据的准确性和可靠性，增强实验室的技术竞争力。

促进实验室成果转化：可以通过促进实验室与产业界的交流和合作，推动实验室科技成果的转化，提高实验室的社会效益。实验室管理人员可以建立实验室技术转移平台，提供技术咨询和服务，推动实验室成果的转化和商业化，增强实验室的社会价值。

加强实验室团队建设：可以通过加强实验室团队建设，提高团队的凝聚力和创新能力，进一步提高实验室的效益。实验室管理人员可以建立实验室团队奖励制度，鼓励实验室人员积极参与实验室建设和管理，激发团队的创新潜能。

综上所述，高校实验室管理对提高实验室效益具有重要作用，实验室管理人员应根据实验室的实际需求和管理目标，制定相应的管理措施和策略，从实验室利用率、设备配置、成果转化、团队建设等方面提高实验室效益，促进实验室的持续发展。

（三）保证实验室的品质

高校实验室的品质直接影响到学校的整体实力和形象，也影响到学生和科研人员的成果和发展。实验室管理要注重实验室的质量保障，建立科学的评价体系，持续提升实验室的品质和声誉。主要体现在以下几个方面：

提高实验数据的准确性和可靠性：可以通过对实验设备的维护和校准，对实验环境的控制和规范，以及对实验人员的安全培训和管理等措施，提高实验数据的准确性和可靠性。这不仅有利于实验结果的科学性和精确性，也可以提高实验室的技术水平和竞争力。

保证实验室环境的卫生和安全：可以通过建立实验室安全制度和管理规定，实施实验室环境监测和卫生清洁等措施，保证实验室环境的卫生和安全。这有利于维护实验室人员的身体健康和心理健康，保证实验室运行的稳定性和可持续发展。

提高实验室管理的效率和效果：可以通过制订实验室管理计划和目标，建立实验室管理指标和评价体系，加强对实验室人员和设备的管理和控制，提高实验室管理的效率和效果。这有助于实验室管理人员更好地了解实验室的运行情况，及时发现和解决实验室管理中存在的问题，提高实验室的整体品质和管理水平。

增强实验室的可持续发展能力：可以通过对实验室设备的维护和更新，对实验室环境的监控和改善，以及对实验室管理人员和科研人员的培训和管理等措施，增强实验室的可持续发展能力。这有助于实验室持续发展，提高实验室的长期稳定性和可持续性。

综上所述，高校实验室管理保证实验室的品质对实验室的稳定运行、科学研究和社会服务等方面都有着重要的作用。实验室管理人员应根据实验室的实际情况和管理需求，制定科学的管理措施和策略，保证实验室的品质，提高实验室的整体管理水平和发展能力。

（四）提升实验室管理水平

高校实验室的管理水平不仅仅是实验室的内部管理，也需要注重实验室管理的创新和发展，不断提升实验室管理人员的素质和能力，引导实验室管理向更加科学和规范的方向发展。主要体现在以下几个方面：

完善实验室管理体系：可以通过建立健全的管理体系，明确实验室管理的目标、职责、权限和规范，完善实验室管理的各个环节和流程，提高实验室管理的科学性和规范性。这有助于实验室管理人员更好地了解实验室的运行情况，及时发现和解决实验室管理中存在的问题，提高实验室管理的整体水平。

加强实验室安全管理：可以通过建立实验室安全管理体系，加强对实验室安全的管理和控制，提高实验室安全意识和管理水平。这有助于保障实验室人员和设备的安全，防止实验室安全事故的发生，提高实验室的稳定运行和可持续发展能力。

提高实验室设备管理水平：可以通过加强对实验室设备的维护、保养和更新，建立设备管理制度和管理流程，提高实验室设备的使用效率和可靠性。这有助于提高实验室的技术水平和实验数据的准确性，增强实验室的科研能力和竞争力。

建立实验室人才培养和管理体系：可以通过建立实验室人才培养和管理体系，加强对实验室人员的培训和管理，提高实验室人员的专业水平和工作效率。这有助于提高实验室的整体管理水平和科学研究能力，为实验室的长期发展打下坚实基础。

综上所述，高校实验室管理对于提升实验室管理水平具有重要的作用。实验室管理人员应根据实验室的实际情况和管理需求，制定科学的管理措施和策略，不断优化实验室管理体系和管理流程，提高实验室管理的整体水平和发展能力。

（五）推动实验室建设和发展

高校实验室的建设和发展需要管理和技术的支持，实验室管理要注重从战略高度出发，积极推动实验室的建设和发展，为学校和国家的科技创新和发展做出贡献。主要包括以下几个方面：

定位实验室的发展方向：高校实验室管理人员通过对实验室的调查研究和市场需求的分析，为实验室制定明确的发展方向和战略规划，包括优化实验室结构、改进实验室管理模式、加强实验室基础建设等。这有助于实验室合理规划和配置资源，提高实验室的运行效率和技术水平。

提升实验室技术水平：高校实验室管理人员可以通过引进先进的实验设备、建立专业化的实验技术平台、开展技术研究和成果转化等手段，推动实验室技术水平的提升和创新能力的增强。这有助于实验室在科学研究和教学方面取得更加优异的成果，提高实验室的学术声誉和知名度。

提高实验室服务水平：高校实验室管理人员可以通过建立规范的服务流程、提供专业化的技术服务、加强与社会各界的交流合作等，提高实验室服务的质量和效率。这有助于实验室更好地满足学校和社会的需求，提高实验室的社会价值和经济效益。

建立良好的管理制度和文化氛围：高校实验室管理人员可以通过建立健全的管理制度、推行科学的管理方式、营造良好的工作环境和文化氛围等，提高实验室的管理水平和工作效率。这有助于实验室更好地发挥团队协作和创新能力，推动实验室建设和发展的持续和稳定。

综上所述，高校实验室管理对于推动实验室建设和发展具有至关重要的作用。实验室管理人员应根据实验室的实际情况和需求，制定科学的管理措施和策略，优化实验室的发展方向和管理流程，提高实验室的科研和服务水平，为实验室的长远发展和稳步前进奠定坚实基础。

二、高校实验室建设与管理体制、机制的现状分析

高校实验室是开展教学活动、科学研究的重要基地，随着高校实验室工作与职能的不断拓展，对实验室管理工作的要求也不断提升，实验室管理机构需要明确自身的工作定位与职责。高校采取什么样的实验室建设与管理的体制、机制需要从自身特点出发，尊重管理科学和规律，符合提高实验室建设和管理水平的实际需求。

（一）实验室建设与管理体制、机制内涵与外延

实验室建设与管理体制是指实验室建设和管理工作是高校内部管理系统中的一个组成结构和方式，也是高校在开展这些管理工作时采用怎样的组织形式以及如何将这些组织形式结合成为一个合理的有机系统，并以怎样的手段、方法来实现管理的任务和目的。管理体制的核心是管理机构的设置，通过机构的设置明确高校内部各管理系统的管理范围、权限职责、利益及其相互关系的准则。

实验室建设和管理运行机制是指管理体制建立后，在开展管理活动过程中，作用于管理活动的各种因素的结构、功能及其相互关系，以及这些因素产生影响、发挥功能的作用过程和原理及其运行方式。因此，要保证实验室建设和管理这个管理系统的有效运行，必须建立一套协调、灵活、高效的运行机制。高校办学目标是人才培养，这个目标是通过教学、科研等途径来完成的，教学和科研活动的完成需要通过实验室这个载体进行保障。实验室是高校开展实验教学和科学研究活动的场所，要使实验教学和科学研究活动顺利开展，并对影响活动的因素进行梳理和分析，准确区分各因素相应边界和运行标准，形成管理合

力，从而保证系统有效运行。其影响因素主要有：

1.实验教学和科学研究活动的组织与管理

根据专业、学科的发展方向，依照课程培养体系的需求对实验教学和科学研究等活动进行组织，特别是在实验室开放、大型仪器设备共享等方面实现效益最大化。

2.设备、场所等物资资源的配置与协调

依据学校的整体发展目标，在学校整体规划的统领下，对不同学科、不同专业的实验室在实验设备、实验场所、信息化资源等方面制订相应的配置规划，为总体目标的实现提供物质保障。

3.实验技术队伍的完善与技能提升

打造一支学历、年龄、知识结构合理的技术队伍，为总体目标的实现提供人力资源保障。

4.大型仪器设备等资源的考核与评价

在原有价值管理的基础上实现向绩效管理和价值管理并重的管理形态转变。通过对实验室综合效益、大型仪器设备使用效益的考核，找出影响实验教学和科学研究活动有效开展的因素，在政策层面进行调整和引导。

5.实验技术安全的监管与服务

在实验技术安全领域进行研究，提出解决安全隐患的思路与对策，对实验活动的安全性进行指导与监管，为总体目标的实现提供安全保障。

（二）实验室建设、管理体制与机制发展历程

随着我国高等教育事业的发展，高校实验室与设备管理的体制和机制也在逐步发展，其内涵和外延也在不断扩展，大致经历了以下5个发展阶段：

1.20世纪50年代至70年代

此阶段只有少部分高校设有设备科、供应科或物资处，主要从事学校建设所需的各种物资（包含少量的教学仪器设备）的采购和供应。70年代，随着高校数量和规模的扩大，有学校开始设立实验室管理科。

2.20世纪80年代

在十一届三中全会的推动下，1983年教育部召开了全国第一次高校实验室工作会议，1986年全国高校实验室管理研究会在青岛成立，高校实验室建设进入一个快速发展的时期。高校实验室与设备管理部门由原来的物资供应部门改为设备处，主要负责仪器设备采购与管理。

3.20世纪90年初期

1992年，原国家教委发布《高等学校实验室工作规程》（第20号令）明确规定"高等学校应有一名校（院）长主管全校实验室工作，并建立或确定主管实验室工作的行政机构（处、科）"。1993年，全国高校实验室工作武汉会议进一步明确了管理职能只能加强不能削弱的指导思想。全国高校实验室与设备管理部门开始设置并受到重视。

4.20 世纪 90 年代中后期

随着高校行政机构改革，实验室与设备管理部门经受了保留、撤销、分解、合并、转制的严峻考验。实验室管理职能被削弱和分解，资产管理职能得到加强，资产管理处应运而生。

5.进入 21 世纪以后

2002 年，周济在 21 世纪高校实验室工作咨询座谈会上强调了加强实验室建设和发展的重要意义。2004 年，教育部高教司成立实验室处以及"985 工程""211 工程"和国家级实验教学示范中心建设等工作的开展，对高校实验室与设备管理工作提出了新的要求，实验室工作被赋予了新的内容，很多综合性高校和对实验室要求较高的理、工、医、财经类高校开始调整管理机构或组建实验室与设备管理处，实验室与设备管理的职能得到强化和扩展。

近几年来，随着国家经济改革进入深水区和社会发展进入快速发展期，国家提出了"双一流"大学建设目标，对高校人才培养、科学研究和社会服务提出了新的、更高层次的要求，高校实验室建设与管理工作的职责和范围越来越大，要求越来越高。教育部撤销实验室处，调整管理职能，科技部开始关注高校大型仪器设备开放共享和效益评估，高校实验室安全问题也受到国家重视。新一轮高校实验室与设备管理机构与职能设置的讨论和探索也在许多高校展开，有些高校的相关管理职能得到进一步的强化，有些高校则相对弱化，机构设置和职能划分又开始了新的调整、撤销、合并的过程。

从上述的发展可以看出实验室建设与设备管理的体制和机制演变。在相当长的一段时期内，实验教学活动的开展受到思想认识、设备物资等主客观原因的制约，高校关注的重点是资源的集约型保障作用，因此机构设置中多出现设备、物资等名称。随着高校办学规模的不断扩大，办学经费的日益充足，特别是实验教学的重要性日益凸显，高校逐步提升实验室建设的职能，形成人才培养—实验教学与科学研究—实验室建设—建设资源配置（设备、场所、队伍等）的层次关系。当前高校讨论的焦点集中在实验室建设与管理工作如何与实验教学活动更加有效地结合，各高校从自己的校情出发给出了各自的答案。

（三）高校实验室建设与管理现状

目前，高校实验室建设与管理工作职能包括实验教学、实验室规划、实验室建设、实验室管理、实验室开放、实验室评估与认证、实验队伍与仪器设备管理、大型仪器设备开放与效益评价、共享平台建设、仪器设备购置与技术支持、实验室安全管理等多方面。由于各高校管理体制、办学规模、办学层次、学科特色、经费投入方式等不同原因，导致高校对承担这些管理职能的机构名称、设置和权限划分既有共通之处又各有千秋。但无论采用何种管理体制和运行模式，如果对实验室建设认识不到位、管理职责过于分散、规划不明确、资源配置与教学需求不协调，都必然导致管理效率低下，影响人才培养质量。

1.缺乏顶层设计和统一领导

国家层面，教育部对实验室管理机构和职能进行了撤并和调整，出现了教育部高教司、办公厅甚至科技部多头管理的现象。同时在很多高校内部尚未建立围绕实验室建设的多部门协调联动机制。比如，分管实验室与设备管理工作的校领导管不了教学、经费投入、科研平台建设等工作，导致在处理与实验室建设相关的重大问题时，学校缺乏统一的领导和规划设计，难以调动各个职能部门掌管的资源形成工作合力。

2. 教学实验室易管，科研实验室难管

长期以来，高校实验室建设与设备管理工作的重点都是围绕教学实验室展开，形成了一套建设、管理和资源配置的体系。科研实验室主要依托科研管理部门进行投入、建设和管理，但随着人才培养目标的转变和质量要求的提高以及高校与服务于国家经济社会发展需求的联系越来越紧密，人们对高校科研实验室的运行和管理模式提出了新要求，实验室建设与设备管理的相关业务（如实验室安全管理等）逐渐覆盖到了科研实验室。然而由于固有观念的影响，科研实验室管理体制和机制还有很多的不顺。比如，大型仪器设备主要集中在科研实验室，其购置经费投入、论证、运行以及平台建设由科研管理部门负责，但大型仪器设备效益评价和开放共享却由实验室与设备管理部门来负责推动，实验室与设备管理部门开展工作的难度增大。

3. 部门之间职能交叉导致边界不清

随着高校实验室建设和设备管理业务工作的覆盖面日益扩大，开展工作时其职责分工可以涉及资产管理、实验室管理、本科生院或教务部门、科研管理、财务部门、保卫部门、后勤保障部门等多个职能部门。面对新的工作任务和要求，即使原来分工明确的各职能部门之间也可能出现权限划分不清、不知道该谁管或没人管就都给实验室与设备管理部门管的情况，职能部门之间相互推诿、相互扯皮的现象逐渐凸显。比如，实验室安全管理工作涉及实验室管理部门、保卫部门、科研管理部门、环境保护和后勤保障部门等多个职能部门的管理职责，在工作中时常发生扯皮现象。

三、新时期对高校实验室管理的挑战

随着科学技术的不断发展和人民生活水平的提高，高校实验室已经成为科研教学中不可或缺的重要环节。但是，新时期对高校实验室管理也带来了新的挑战，主要包括以下几个方面：

（一）实验室安全管理

实验室安全是实验室管理的首要任务。在新时期，高校实验室面临着更多的安全风险，如化学品事故、火灾、电气事故等。因此，高校需要加强实验室安全管理，建立健全实验室安全制度，提高师生安全意识，加强实验室安全培训，确保实验室安全。

（二）实验室设备管理

随着科学技术的不断进步，实验室设备越来越复杂、高端化。这就需要高校加强实验室设备管理，对设备进行定期维护和保养，建立设备档案，定期检查设备安全性能等。

（三）实验室信息化管理

随着信息技术的快速发展，高校实验室管理也应向信息化管理转变。实验室应该建立实验室信息化管理系统，实现实验室信息化管理，提高实验室管理的效率和精度。

（四）实验室人员管理

实验室人员管理是实验室管理的重要环节。在新时期，高校实验室管理面临着人才流失、人员素质不高等问题。因此，高校需要加强实验室人员管理，建立人才培养体系，提高人员素质，培养实验室骨干力量，提高实验室整体水平。

（五）实验室质量管理

实验室质量是实验室管理的关键。在新时期，高校实验室管理需要建立实验室质量管理体系，制定实验室质量标准，实施实验室质量管理评估，提高实验室质量和水平。

总之，新时期给高校实验室管理带来了新的挑战。高校需要积极应对，加强实验室管理，提高实验室管理水平，确保实验室工作的安全、高效和规范。

第二节 新时期高校实验室管理的基本原则和方法

一、新时期高校实验室管理的基本原则

高校实验室是科学研究和教学的重要场所，是实践教学的重要环节，实验室管理工作关系到师生的学习、生命财产的安全，因此必须坚持科学、规范、严谨的管理原则。在新时期，高校实验室管理需要遵循以下基本原则：

（一）安全第一原则

安全第一是实验室管理的基本原则，必须把安全工作放在首位，建立安全意识，加强安全管理。实验室安全管理必须遵循"防范为主，安全第一"的方针，从源头上预防事故的发生，建立和完善安全制度，实行安全教育和培训，确保实验室人员的生命财产安全。

1.防范为主，从源头上预防事故的发生

实验室应建立完善的安全管理制度，按照国家有关法律法规和标准要求，建立安全管理体系，明确各项工作责任和安全管理措施，制定安全操作规程，加强安全培训和教育，确保实验室安全。

2.建立安全意识，加强安全管理

实验室应建立安全意识，强化安全管理，增强安全意识，严格按照规定的操作程序和安全操作规程进行实验，确保实验室的安全。

3.落实安全管理责任制

实验室应落实安全管理责任制，明确责任人和责任范围，加强安全监督和检查，及时

发现和处理实验室安全问题，确保实验室的安全。

（二）规范管理原则

规范管理是实验室管理的基本原则之一，是实验室管理的基础，必须遵循规范管理原则，建立规范化的管理体系，保证实验室的工作规范化和标准化。具体措施如下：

1.建立和完善实验室管理制度

实验室应建立和完善各项管理制度，包括管理机构、工作程序、工作规范、管理标准等，建立完善的管理体系，保证实验室的规范化管理。

2.加强实验室基础设施建设

实验室应加强基础设施建设，提高实验室的硬件条件，如实验室的建筑、空调、电力等设施的完善和维护，以及实验室的仪器设备的采购、更新和维护等，确保实验室的工作设施和条件符合规范要求。

3.加强实验室日常管理

实验室应加强日常管理，包括实验室的卫生、消毒、通风、噪声、灯光等方面的管理，以及实验室安全用电、用气等的管理，确保实验室的工作环境符合规范要求。

（三）合理利用原则

合理利用是实验室管理的基本原则之一，实验室资源的合理利用是提高实验室效益和管理水平的重要方面，必须遵循合理利用原则，推动实验室的资源共享和合作，加强实验室教学和科研的整合，提高实验室的综合效益。

1.建立资源共享机制

实验室应建立资源共享机制，实行资源共享，提高资源利用效率，促进资源的合理利用。

2.加强教学和科研的整合

实验室应加强教学和科研的整合，充分发挥实验室在教学和科研方面的作用，提高教学和科研水平。

3.推动实验室与社会的合作

实验室应加强与社会的合作，与企业、研究所等单位建立合作关系，积极开展科研合作和技术转移，加快科技成果的转化和应用，提高实验室的社会效益和综合效益。

（四）创新发展原则

创新发展是实验室管理的基本原则之一，实验室管理必须遵循创新发展原则，推动实验室的发展和进步，加强实验室的创新能力，提高实验室的整体水平和竞争力。

1.建立创新机制

实验室应建立创新机制，鼓励实验室人员开展科技创新活动，加强科技成果的转化和应用，推动实验室的创新发展。

2.加强人才培养和引进

实验室应加强人才培养和引进，培养实验室的骨干力量，引进高水平人才和技术人才，提高实验室的整体素质和竞争力。

3.加强科研能力建设

实验室应加强科研能力建设，提高实验室的科研水平，推动实验室在科学研究方面的创新和发展，提高实验室的学术地位和社会影响力。

（五）公开透明原则

公开透明是实验室管理的基本原则之一，实验室管理必须遵循公开透明原则，加强实验室管理的公开性和透明度，提高实验室管理的规范性和效率。

1.信息公开

信息公开是实验室管理公开透明的基础，高校应建立信息公开制度，及时向社会公布实验室的各项管理制度、管理规定、安全规定等信息。同时，实验室还应向师生公开实验室的使用规定和操作规程，以便他们能够更好地了解实验室的管理和使用情况。

2.民主管理

民主管理是实验室管理公开透明的重要内容，高校应建立民主管理机制，让实验室成员有参与实验室管理的机会和渠道。实验室管理应建立成员代表会议制度，让代表们在会议上表达对实验室管理的意见和建议，对实验室管理进行监督和评价。

3.内部信息交流和共享

高校实验室内部信息交流和共享是实验室管理公开透明的重要方面，实验室应建立信息共享平台，促进实验室之间的信息交流和共享，提高实验室工作的效率和质量。实验室成员之间可以通过共享实验数据、研究成果、专业知识等方式，进行交流和互助，提高实验室的整体水平。

4.外部评估

外部评估是实验室管理公开透明的重要手段，高校应邀请外部专家或机构对实验室进行评估，评估结果应及时向社会公布。外部评估可以客观评价实验室的管理水平、科研水平和教学水平，为实验室管理的改进提供参考。

总之，高校实验室管理公开透明是实验室管理规范、有效的重要保障。高校应遵循信息公开、民主管理、内部信息交流和共享、外部评估等原则，建立科学、规范、严谨的管理体系，加强实验室管理的公开性和透明度，推动实验室管理的民主化、科学化和规范化。

二、新时期高校实验室管理的方法

高校实验室管理是保障高校教学科研质量和创新能力的重要环节，实验室管理的好坏直接影响到高校教学科研水平的高低。因此，高校应该探索出一套行之有效的实验室管理方法，以提高实验室的管理水平和教学科研质量。新时期高校实验室管理方法的主要内容包括以下几个方面：

（一）建立科学、规范、严谨的管理体系

高校实验室应建立科学、规范、严谨的管理体系，制定实验室管理制度和实验室安全管理规范，明确实验室管理的各项职责和权限。建立科学、规范、严谨的管理体系需要从以下几个方面入手：

1. 建立实验室管理制度

实验室管理制度是实验室管理的基础，是实验室管理工作的规范和标准。实验室管理制度应该包括实验室日常管理、实验室设备管理、实验室安全管理等方面的内容。实验室管理制度的建立需要针对实验室管理的实际情况，充分考虑实验室的特点和需求。

2. 制定实验室安全管理规范

实验室安全是实验室管理的重中之重，需要建立科学、规范的安全管理规范，确保实验室人员的人身安全和实验室设备的安全。实验室安全管理规范应该包括实验室安全教育、安全操作规程、事故处理等方面的内容。

3. 建立实验室管理流程

实验室管理流程是实验室管理的标准化操作流程，可以规范实验室管理的各个环节，提高实验室管理的效率和质量。实验室管理流程应该包括实验室使用流程、实验室设备维护流程、实验室安全管理流程等。

4. 制订实验室管理计划

实验室管理计划是实验室管理工作的指导性文件，用来明确实验室管理的目标、任务和措施等。实验室管理计划应该根据实验室的实际情况和需求制订，包括实验室管理的年度计划、季度计划等。

5. 建立实验室管理评估机制

建立实验室管理评估机制是为了对实验室管理工作进行监督和评估，及时发现和解决问题，提高实验室管理的质量和水平。实验室管理评估机制应该包括定期检查、不定期检查、自查和外查等环节，针对实验室管理的各个方面进行评估和监督，及时发现和解决实验室管理工作中存在的问题。

6. 加强实验室管理人员培训

实验室管理人员是实验室管理的中坚力量，需要不断提高其管理和操作能力。高校应该加强实验室管理人员的培训，包括安全管理、设备操作、管理制度等方面的培训，提高实验室管理人员的综合素质和能力。

（二）推进信息化管理

信息化管理是实验室管理的新趋势，高校应积极推进信息化管理，建立实验室信息化管理系统，实现实验室管理信息化、数据化、智能化。同时，还应加强实验室信息安全管理，保护实验室数据的安全和隐私。

1. 建立实验室管理信息化系统

建立实验室管理信息化系统是实验室推进信息化管理的首要措施。实验室管理信息化

系统可以对实验室管理的各个环节进行全面的信息化管理，如实验室设备管理、实验室安全管理、实验室使用管理等，实现实验室管理信息化、数据化、智能化。实验室管理信息化系统的建立需要考虑实验室的实际情况和需求，确保实验室管理信息化系统的可行性和有效性。

2.强化实验室网络化管理

实验室网络化管理是实验室管理信息化的重要手段之一。高校应加强实验室网络建设，建立实验室网络管理系统，实现实验室的远程管理和监控。实验室网络化管理可以提高实验室管理效率和安全性，实现实验室管理信息的实时共享和交流。

3.推进实验室数据化管理

实验室数据化管理是实验室管理信息化的重要手段之一。高校应加强实验室数据管理，建立实验室数据管理系统，实现实验室管理信息的数字化和数据化。实验室数据化管理可以提高实验室管理效率和精度，实现实验室数据的规范化和标准化。

4.加强实验室信息安全管理

实验室信息安全是实验室管理信息化的重要方面，需要加强实验室信息安全管理，确保实验室管理信息的安全性和隐私性。高校应建立实验室信息安全管理制度，加强实验室信息安全培训和意识教育，实现实验室信息的安全传输和存储。

5.提高实验室管理人员信息化能力

实验室管理人员是实验室管理信息化的关键环节，需要提高其信息化管理能力和水平。高校应加强实验室管理人员的培训，提高其信息化管理和应用能力，以适应实验室管理信息化的需求和要求。

6.推广实验室管理信息化应用

高校应加强实验室管理信息化应用的推广和普及，提高实验室管理信息化的应用范围和效益。实验室管理信息化应用可以采用各种手段和方式，如实验室管理软件、实验室管理APP、实验室管理网站等，实现实验室管理信息的全面、快捷和便利的管理和应用。

总之，高校实验室推进信息化管理是实验室管理的重要趋势和方向，高校应积极推进实验室信息化管理的建设，建立科学、规范、可行的实验室信息化管理系统，加强实验室网络化、数据化、智能化管理，提高实验室管理的效率和质量。同时，也需要注意实验室信息安全管理和实验室管理人员信息化能力的提高，实现实验室信息化管理的可持续发展和长远目标。

（三）推动实验室与社会的合作

高校应加强与社会的合作，与企业、研究所等单位建立合作关系，积极开展科研合作和技术转移，加快科技成果的转化和应用，提高实验室的社会效益和综合效益。

1.建立高校实验室与企业合作的平台

高校应该建立高校实验室与企业合作的平台，促进实验室与企业的交流与合作。高校可以利用校内平台和校外资源，搭建实验室与企业的交流和合作平台，包括技术交流、人才培养、项目合作等方面，实现高校实验室与企业的互惠互利。

2.发挥高校实验室的技术优势

高校实验室具有较强的技术优势，可以利用这一优势与社会各界进行合作。高校应充分发挥实验室的技术优势，与企业和社会各界进行技术交流和合作，提供技术服务和支持。

3.加强高校实验室的产学研合作

高校实验室应与产业界和研究机构进行产学研合作，共同开展科技研发和技术创新活动。高校实验室可以利用自身的技术优势和科研能力，与产业界和研究机构共同研发新技术、新产品，实现产学研紧密结合，提高实验室的科研和创新能力。

4.建立实验室与社会资源共享机制

高校实验室应与社会各界建立资源共享机制，实现实验室资源的共享和互惠。高校实验室可以与企业、政府部门、社会组织等合作，共享实验室设备、实验材料、实验室场地等资源，提高实验室的综合能力和竞争力。

5.建立高校实验室对外开放机制

高校实验室应建立对外开放机制，充分利用实验室资源与社会各界进行交流与合作。高校可以在实验室管理制度的规范下，建立实验室对外开放的机制和规定，向社会各界开放实验室，提供实验室设备租借、技术支持等服务。

（四）强化实验室文化建设

高校应加强实验室文化建设，创造良好的实验室文化氛围，营造和谐、积极、进取的实验室氛围。实验室文化可以通过实验室标识、文化活动、团队建设等方式进行打造，提高实验室成员的归属感和凝聚力。

1.建立高校实验室文化理念

高校实验室应建立科学、规范、严谨的实验室文化理念，为实验室文化建设提供指导和支持。高校可以结合实验室的实际情况和特点，确定实验室文化建设的目标和方向，提出科学、规范、严谨的实验室文化理念，促进实验室文化的形成和发展。

2.培育高校实验室文化氛围

高校实验室应培育积极向上的实验室文化氛围，鼓励实验室成员积极投入到实验室建设和管理工作中。高校可以利用实验室例会、实验室讲座、实验室团队活动等形式，促进实验室成员之间的沟通和交流，增强实验室成员的凝聚力和团队合作意识。

3.建设高校实验室文化品牌

高校实验室应建设具有特色和优势的实验室文化品牌，为实验室文化建设提供品牌支持。高校可以结合实验室的学科特色和优势，设计实验室文化品牌的形象和内涵，打造具有影响力和吸引力的实验室文化品牌，提高实验室的知名度和声誉。

4.弘扬高校实验室文化价值观

高校实验室应弘扬实验室文化价值观，为实验室成员树立正确的价值观念和人生观念提供引导和支持。高校可以结合实验室的特点和需求，确定实验室文化价值观的内涵和表现形式，强化实验室成员的社会责任感和创新意识。

5.建立高校实验室文化评价体系

高校实验室应建立科学、规范、严谨的实验室文化评价体系，为实验室文化建设提供评价和监督机制。高校可以结合实验室的实际情况和需求，建立实验室文化评价指标体系，包括实验室成员的素质评价、实验室团队建设评价、实验室管理水平评价等方面，实现实验室文化建设的科学评价和持续改进。

6.高校实验室文化建设的管理

高校实验室文化建设需要加强管理，确保实验室文化建设的顺利进行。高校可以制定实验室文化建设的管理制度和规定，明确实验室文化建设的责任和义务，加强实验室文化建设的监督和评估，实现实验室文化建设的有序发展和长远目标。

（五）建立实验室管理档案

实验室应建立实验室管理档案，包括各种实验材料、实验设备、实验记录等，保留实验数据和实验过程，以备查证和参考。

1.实验室发展中档案规范化管理的重要性

（1）高校实验室档案规范化管理是实验室实施管理、决策的依据

对于高校的实验室档案来说，它可以直接地体现实验室管理、实验室建设和实验室的仪器设备等和实验室有关的过程，不仅如此，它还可以为实验室的管理工作提供更加准确和及时的有效信息。在进行科学的决策和规划时，只有具备完善的档案才可以为决策提供准确又充分的信息，推动正确决策。

（2）高校实验室档案规范化管理是提高实验室管理水平的手段

在高校不断增多、高校水平不断提高、教育改革进一步深入的背景下，实验室在人才培养中扮演的角色越来越重要。现在的高校实验室在规模上和数量上都不断增加，水平也随之提高。一个高水平的实验室离不开实验室的工作积累，更离不开管理经验的积累。高校实验室的档案体现了实验室的工作、建设和管理，有利于实验室的科学管理水平的提高，也有利于实验室档案的传承。

（3）高校实验室档案规范化管理为提升实验室内涵建设提供参考

在高校的实验室档案规范化管理中，高校实验室是进行实验教学和科学研究的重要根据地，它在一定程度上直接影响了实验教学质量，不仅如此，它还和科研水平、实验室建设有十分密切的联系。

2.高校实验室档案规范化管理的内容

（1）实验室建设方面

在高校实验室档案规范化管理中，必须明确实验室的基本信息，举例来看，有位置、面积等角度。其次，要进一步管理好档案的工作计划，学校下发的和实验室的教学、科研有关的文件要做到规范化管理，与此同时，要对于实验室的批准建立的文件、做出调整的文件进行管理，不仅如此，还要管理好实验室的相关考核和评估资料、获奖资料等。对于

实验室的相关规则和制度也要进行规范化管理，对于实验室的特殊的技术施工图也要进行规范化管理。

（2）高校实验室仪器设备管理方面

在实施高校实验室档案管理中，必须对教学仪器设备购置计划表、验收报告、入库单、固定资产明细册、报修单、使用维修记录、报废单、外调及内调等凭证进行规范化管理；除此之外，对于校管低值仪器账册和一些国内外赠送仪器设备清单以及消耗品及材料领用记录也要进行规范化管理。不仅如此，一些大型精密仪器设备的论证报告、安装验收报告、技术资料、使用记录、损坏维修记录，还有测试样品的数据分析记录、说明书等更需要规范化管理。

（3）高校实验教学管理方面

在实施高校实验室档案管理中，管理好实验教学大纲、实验指导书、实验教材、实验教学课程表、实验项目统计表、实验实际进出记录、实验教学考核办法等有关记录十分有必要，与此同时，对于实验教学法、实验技术研究及其成果和教研立项和教改立项及其成果的管理也要规范，一些新开实验（含验证、综合、设计）报告、自制教学实验仪器设备报告及鉴定报告等更要加强规范化管理。

（4）实验室经费管理方面

在实施高校实验室档案管理中，必须管理好经费申请立项报告、经费使用报告及使用效益报告，还要管理好实验室年度仪器设备购置计划以及实验用品消耗、仪器设备维修等经费支出情况统计报告。除此以外，还要加强对于实验室年度科研项目、对外培训、测试、技术协作、劳务收入情况统计等的规范化管理。

（5）科研及科技开发项目管理方面

在实施高校实验室档案管理中，要加强对科研及科技开发项目的立项报告、合同及协议书、项目完成的鉴定报告的规范化管理，与此同时，一些有关于专利申请材料、科技开发、成果转让等也要加强规范性管理。

3. 怎样实现高校实验室档案管理的规范化

（1）建立健全实验室档案管理制度

由于高校改革不断深入，所以要想在人才培养上和科研上都有重大突破，就离不开实验室的支持，所以综合来看，实验室档案管理规范化尤为重要，高校领导必须明确实验室工作档案的管理的重要性，建立健全实验室档案管理制度。根据相关法律法规，结合高校自身发展状况，规定好实验室的职责权利、组织机构和法律责任等。

（2）加强实验室档案管理机构建设

对于高校领导而言，必须高度重视实验室档案管理工作，不仅要加强实验室档案管理机构建设，还重视实验室档案的收集、汇总、整理和归类工作的开展，实时关注档案管理工作的经费、设备、档案用品等问题，进一步改善档案管理的外部和内部环境，通过完善灵活的档案管理信息网络来推动档案工作的发展，在更深层次上推动学校的其他管理工作的发展。在高校实验室档案管理中，要使实验室档案工作引起领导的重视，同时把它列到高校档案工作和实验室工作计划中，不仅要对实验室档案的归档内容和时间做出明确规定，还要规定好其归档类型，同时，要针对这些流程的统计和使用制度加强规范性管理。

（3）探索由档案部门及实验室主管部门等的共同管理模式

要想完全掌握高校实验室的档案状况必然有很多困难，也有一定的弊端。在这一背景下，可以实施由档案部门及实验室主管部门等的共同管理模式。档案部门的任务重大，负责档案业务指导、督促和检查等工作的进行。实验室主管部门也扮演着重要的角色，它要管理好实验室的建设、规划、投资、设备总账等方面档案材料。与此同时，要负责好实验室的有关实验教学、实验室建设、仪器设备和人员等方面档案的搜集和整理。

（4）增强档案意识，设立专人管理

在实验室的档案中，大部分内容涉及的是高校评估的重要项目，而实验室科学研究的数据又在教师科研中扮演着重要的角色，所以，实验室进行档案规范化管理是非常重要和必要的。由于数据的保密性和长期性，所以需要增强档案意识，设立专人管理。

（5）实现实验室档案管理的现代化

对于实验室档案管理来说，实现由传统的方式向科学、现代的方式的转变是大势所趋，借助电子文件和计算机网络技术改革实验室也是社会发展的必然趋势。从现在的手工管理，到计算机网络技术管理可以进一步实现实验室档案管理的现代化，不仅可以在一定程度上扩大信息量，还可以大幅度地扩大服务范围。

（6）落实管理制度，做好收集工作

实验室档案的收集范围是由其性质和任务决定的，既要着眼原始资料的保存，又要为实验室长期的发展服务，因此档案资料的收集原则应以价值原则、专业原则、分级管理原则和综合性原则为指导，实行档案资料无偿建档制、相关业务主体的主送制和档案室的补送制等接收制度，严把档案收集的质量关，认真落实档案归档与不归档制度、收集整理、移交与运行保管制度等，做好档案的验收工作，办理档案交接手续。实验室档案应以排他性、同一性为原则，做好档案分类方案，创建类目体系，开展档案的整理、分类与立卷归档。

（7）强化培训，提高职业素养

档案管理员的职业素质和工作能力对档案管理工作具有直接的影响。实验室档案涉及实验室发展规划、学科建设、仪器采购、实验教学等各个环节，提高档案管理员的职业素质是顺应实验室发展规划的客观要求，也是档案学发展的内在要求。档案管理工作需要人员进行支持，档案管理人员的管理素质和管理水平对档案管理工作的信息化落实具有重要的决定性作用。

三、高校实验室现场管理

实验室作为高等教育的重要组成部分，已成为高等学校教学与科研活动的中心和基地。在新时代教育背景下，高校实验室是培养学生动手能力、综合能力和创新能力的重要场所，同时也承担了科研项目的开展和实施。因实验室承担的教学科研任务重，且使用人员不固定，给实验室现场管理带来挑战，迫切需要规范高效的管理模式。

（一）高校实验室现场管理中存在的问题

实验室现场管理是指运用科学的管理思想、方法和管理手段对实验场所的各个要素，如人（操作者、管理者）、机（设备、工具）、料（物料耗材等）、法（实验操作规程、检测方法）、环境等进行合理有效的计划、组织、协调、控制，使其处于良好的结合状态，以期达到高效、低耗、安全、优质开展实验教学和科研活动的目的。

高校实验室现场管理落后于教学科研的发展，目前实验室现场管理更多依赖于实验室管理者的工作经验和使用者的个人自觉性，导致实际工作中存在突击整理的现象。高校实验室现场管理的问题主要包括实验室内空间分区不合理、实验设备点检不到位、实验室运行效率偏低、实验室安全管理隐患多等问题。

目前现场管理理论中"7S"管理模式发展比较成熟，所以采用"7S"管理模式对高校实验室现场进行有效管理，是一个稳妥的办法。"7S"从"5S"发展而来，"5S"起源于日本企业，是一种有效的生产现场管理方法，即通过对生产现场的人员、机器、材料、方法和环境等要素进行合理配置，确保高效、低耗、安全生产。整理（Seiri）、整顿（Seiton）、清扫（Seiso）、清洁（Seiketsu）、素养（Shitsuke），首个字母都是 S，所以被称为"5S"。随着认识的不断深入，后来又添加了安全（Safety）、节约（Saving），构成"7S"。

1. 实验室内空间布局不合理

由于高校实验室安排教学和科研工作，通常使用频率较高，使用人员不固定，从而使得实验室摆放设备仪器的位置是否固定、使用频率高低、物品摆放是否方便拿取，成为考验实验室管理者空间布局能力的关键因素。实验室内空间布局不合理，或部分使用者对于实验结束后物品该如何归位不清楚，导致物品放置位置不明；溶液或试样的标签不统一、不规范，导致溶液或试样的标识五花八门，名称不详，配液人、使用期限不明；实验台上堆放着各种装着溶液的器皿、试样，实验柜被各种化学试剂塞满，导致空间拥挤。物品放置位置不明、使用期限不明、使用状态不明，长此以往，可能导致有用物和无用物混放，极易造成废品误用，进而影响实验数据的准确性和实验进度；分区不明、空间拥挤，会增加寻找物品的时间。

2. 实验设备点检不到位

仪器设备使用操作不规范或使用次数多，会导致仪器设备不灵敏甚至发生故障。当仪器设备出现小问题时，如未及时修理或维护，选择继续使用，就有可能导致损毁，进而影响实践教学的开展。因此，精密设备、贵重仪器的常规维护和规范操作，以及发现小问题及时反馈，就显得尤为重要。

3. 实验室运行效率偏低

专业公共教学实验室，通常是一个实验室承担多门实验课。如没有统一的整理规范，实验室现场就会从整洁有序到杂乱无章，主要表现在仪器无序摆放、样品无序堆放、公用器皿被长期占用或者挪移，从而导致实验前准备时间长、实验等待时间长，实验室运行效率偏低。

4.实验室安全管理隐患多

实验安全是实验室运行的基石，而实验室现场管理要面对人、物（机器和物料）、环境、实验操作方法4个不稳定因素。具体来说，人的不安全行为主要表现为师生安全素养不高、避险技能不足等方面。物的不安全状态主要涉及化学试剂药品的使用和存放、仪器设备的性能和状态，尤其是危险化学品和高温高压等仪器设备。环境的不安全表现在实验环境配套设施的承载能力不能满足实验的需求，或基础设施排布不合理、不规范等。操作方法的不安全主要体现在实验室使用者缺少系统、全面的安全培训，安全操作宣传教育不到位，实验辅助人员配备不足等。

（二）高校实验室现场管理中"7S"管理的应用

目前"7S"管理已经在部分高校的实验室中推行，且取得可喜的成效，但仍遇到不小的阻力，使得"7S"管理的成效维持时间较短。其根本原因是师生对于"7S"管理模式缺乏足够的认识，把"7S"管理简单地等同于"打扫卫生"。因此，有必要将"7S"管理模式的精髓嵌入实验室现场管理中，使得"7S"管理模式在实验室现场管理中显现成效，从而有效解决现场管理难题。

1.高校实验室"7S"管理的基本内容

"7S"管理中整理、整顿、清扫、清洁是行动要素，这4个要素依次推进、环环相扣、缺一不可。而安全、素养、节约是结果要素，是推行"7S"最终要达到的效果。高校实验室的现场管理涉及设备及物料管理、环境管理、人员管理。其中，整理、整顿主要是针对设备及物料管理，明确设备、物料等的存放位置。清扫和清洁主要是针对现场环境管理，素养、安全和节约则是针对人员的管理。其中，人员管理是实验室现场管理的核心，因为现场设备管理和环境管理都是为人服务的，最终也需要通过人员素养的提升，来维持实验室现场管理的良好秩序。

2.高校实验室"7S"管理各内容的具体分析

（1）设备及物料管理中的整理和整顿

根据有无使用价值和使用的频率，将实验室的设备分为经常用、偶尔用、不常用和无法使用4类，同时根据设备使用频率，决定仪器的摆放地点和位置。整理环节完成后，实验场所留下来的都是常用的设备，再进行整顿。整顿就是将设备进行定置管理和标识管理。实验室定置管理原则是方便查找、方便拿取、方便放回。实验室内划分功能区，对实验场所留下来的常用设备根据其功能摆放，大型仪器摆放在规定的功能区中，并100%固定位置；便携式仪器在划定的功能区内半固定摆放，用完必须归位，如小型仪器可以放置在不锈钢仪器架上，并粘贴类别标识，方便查找、拿取、归位。

实验室要遵循摆放"三定"、标识"三明"原则。"三定"即摆放要定点、定容、定量。对于实验中必须要用到的工具类、器皿类、试剂、应急物资、通用耗材等，要根据实验日常需要量，放置在方便拿取的位置上。"三明"指的是存放位置明确、名称型号明确、性能状态明确。实验场所内试剂柜、仪器架、储物柜均标明存放物品的名称、型号等信息；通过采用仪器设备资产标识码，让使用者明确每一个仪器设备的状态、用途、操作步骤。

实践证明，整理是个动态的过程，不可能一蹴而就，需要定期开展。为了方便操作可设立"非必需品"暂存点，设立暂存标识牌。师生对于不太确定去留的物品，可放置在暂存点，并贴上标签，由实验管理人员定期统一进行处置，集中处理不要物。

（2）现场环境管理中的清扫和清洁

实践证明，清扫人员是否知晓清扫标准、明确清扫责任，直接影响清扫工作的落实效果。结合实验室使用的实际情况，可针对不同实验室制定适宜的清扫标准。由实验室管理人员向每个使用班级发放现场清扫确认表，清扫结束后由清扫者在现场清扫确认表上签字。对于一些不易清扫的部位，根据实际情况，制定清扫的周期，由使用班级轮流打扫。

除了保持实验室环境的整洁和舒适，还需要关注仪器的使用状态，对仪器设备进行现场点检。如仪器是否正常运转、零件是否齐备，使用过程中发现的小问题，由使用者在使用登记本上进行备注。要想把前3个要素长久地推行好，并逐步规范化，靠人的自觉性很难长久，因此形成制度化、标准化的行为规范，就显得尤为重要。根据实验室实际情况，完善现场管理的实施细则和表格设计，加强对于清扫情况和仪器使用情况的监督检查，并依照考核细则奖优罚劣，使得清扫工作能够规范化、制度化、标准化，努力营造一个洁净安全的实验环境。

（3）人员管理中落实素养、节约和安全

在提升人员素养方面，实验室管理人员可以采用定期组织实验室人员共同学习"7S"的要义，加强教育培训、明确规章制度、规范实验操作行为、奖优罚劣等多种形式强化规则意识，督促实验室人员不断践行"7S"，引导师生养成凡事彻底、规范操作、工作到位的好习惯。

通过素养的提升，让师生能自觉维护实验室的公共物品，特别是仪器设备的爱惜，防止因为小问题如零件丢失、配件散落等，影响仪器正常运转，以延长设备的使用寿命，降低维修和保养成本。从空间布局、时间安排、仪器维护等方面下功夫，营造一个高效低耗的实验氛围。合理配置各种资源，避免人力、成本、空间、库存、物料的浪费，让实验室使用者养成控制成本的习惯，发挥人的主观能动性，杜绝浪费。实验室安全管理就是根据试验场所发现的问题点，找到造成问题的真正原因并设法消除，防止不良情况再次发生，做到人身安全、设备安全、设施安全。具体做法如下：

落实安全管理制度，完善安全教育体系。通过实验室安全专题活动，开展安全培训和安全宣讲。对于易制爆、易制毒和腐蚀性强的危险化学试剂，应将其放置在专门的防爆柜和防腐蚀柜中，实行"五双"（双人收发、双人记账、双人双锁、双人运输、双人使用）管理。

做好设备安全检查，确保设备正常运转。涉及实验仪器操作的实验项目，实验前，由实验员进行设备的试运转，确保将要使用的设备无安全隐患，运转正常。实验中，由指导老师强调操作注意事项，让学生预知可能存在的危险因素，并督促学生按规定操作，根据实验具体需要穿戴相应的防护用品做好自身防护。实验后，由指导教师做好使用登记，并做好复原和归位。

做好配套设施管理，创造安全实验环境。如保障通风设施、配电设施、预警设施运转正常；安全警示标牌、防护用品、消防器材等的定置管理和可视化管理，让人一目了然，方便取用。设备上贴相应的提示标语，在可能存在安全隐患的地方，张贴安全注意事项卡片。

建立安全现场检查制度，查找安全隐患。如由实验室的负责人、实验室主任、学院实验室分管领导分别做好实验室的日查、周查、月查，发现安全隐患如实记录，并找到解决办法，制定相应的预防措施、整改方案、落实期限。如安全隐患由于客观原因不能立即整改的，应当逐级上报学校，由学校核实情况后统一整改。

3.实验室"7S"管理的保障措施

（1）组织保障措施

成立"7S"推行小组。"7S"推行小组在"7S"推行工作中具有指导和引领作用，负责制定相关的推行制度和实施办法，明确小组成员的职责，系统地规范"7S"推行工作，保障"7S"顺利推进。其中，学院党政领导任组长，负责学院实验室的副院长任副组长，各系负责同志和实验教学中心人员任组员，并明确各自的工作职责和工作内容，其中组长负责统筹、决策"7S"的推行计划和范围；副组长结合实验教学与管理工作组织拟定"7S"推行制度和实施办法，提交推行小组审核，并提出"7S"要解决的问题和达到的目标；由实验教学中心人员任组织委员，具体负责活动方案的执行和组织评比工作，小组其他成员负责做好所属系的"7S"的传达工作，并配合组织委员开展不同层次、不同频率的检查评比工作。评比工作结束后，由组织委员对每次检查结果进行反馈。

（2）制度保障措施

制度保障举措主要是完善"7S"推行手册，使得"7S"管理成体系。推行手册包含"7S"管理推行实施办法、"7S"管理的评分规定以及检查办法和奖惩制度，使得"7S"管理有章可循。同时为了更加直观和可操作，"7S"推行小组应把"7S"管理的核心内容，通过图表的形式展现。如"7S"管理的基本内容、实验室设备的存留及保管规划、实验室物品的存留及保管规划、"7S"检查标准和考核细则以及"7S"的清扫制度等。

（3）宣传教育措施

"7S"推行需要全员参与，由"7S"推行小组成员负责做好相关的宣传教育工作，使师生明确"7S"中每个要素的执行要点和预期目标，由组织委员负责发放"7S"管理的学习资料、开展专题培训讲座、利用微信公众号进行宣传，让师生了解"7S"管理的具体内容、实施细则、预期效果等。

第三节　新时期高校实验室安全和风险管理

高校实验室是一个复杂的系统环境，也是校园安全隐患最为突出的场所，特别是危险系数较高的实验室，随时面临着严峻的安全风险。由于实验过程涉及许多危险源，稍有不慎便会造成实验室火灾、爆炸、灼伤等事故，因化学、生物实验室产生的废气、废物污染问题也不容忽视。

一、实验室安全内涵及安全教育的要素

安全从最开始的应对危险环境的经验之举到现在发展成为一门科学。安全科学创始人之一的张潜提出安全的科学概念是：安全是人的身心免受外界不利因素影响的存在状态及其保障条件。安全人体、安全设备和安全社会构成了"安全三因素"，加上安全的整体性因素——安全系统，构成"安全四因素"。虽然研究者不断对安全要素进行修正，但其构成基础都是基于人、物以及人与物的关系这几个基本要素。安全科学的研究对象是事故，研究目的是预防事故和控制事故发生后的损失。实验室安全也是一门科学，它重点研究在实验室环境下，人、机、环境系统的相互作用和保障师生的实验安全技术，以及研究教学科研中实验风险所导致的事故和灾害的发生、发展规律和防止实验室意外事故发生所需的科学知识与技术方法。高校实验室药品种类多、设备复杂、参与人员范围广、层次不同且流动性大，人员安全意识不足、安全防护重视不够，容易发生安全事故。避免实验室安全事故的发生可以从事故的成因入手。任何事故的发生都是由人和物两方面原因引起的。造成事故的主要原因有：技术原因、教育原因、身体和态度原因、管理原因。

根据高校的特征，可以充分发挥教育功能，通过教育对人产生直接影响，从最根本的人的要素出发，使师生牢固树立"安全第一"的思想，并在此思想的影响下指导安全学习和安全行为。实验室安全教育要明确安全教育的内容，并利用合适的教育方式进行安全知识、安全技能与安全意识的传播。安全教育不仅要着眼于物，消除物的不安全状态，包括实验室试剂、仪器、设备、机电、环境等，也要着眼于人，消除人的不安全行为，包括人员的安全理念、法律法规、行为规范、工作作风等。通过将安全理念渗透到师生的思想当中，潜移默化地对师生的理念、意识、态度、行为等形成从无形到有形的影响，使之树立牢固的安全人生观、价值观，掌握良好的安全技术和安全行为方式。

二、高校实验室安全管理现状

（一）安全政策与制度

我国对实验室危化品安全管理有着严格的管理制度。公安部对高校的危化品管理问题

采取审批制度，高校实验室危险化学品的采购、储存和使用过程均有独立部门负责审批，严禁高校师生私自采购和携带实验室危险化学品。环保部门对于高校实验室危化品废物处理、实验过程污染物处理等方面也有严格要求，高校实验室需要根据危化品的性质和种类，实行物品分类管理、分类存放、专物专放、专库专管等措施；实验完毕后，危险废物要根据种类以及特性进行分类，定期移交到具有资质的环保机构，对其进行无害化处理。

（二）安全管理体系

目前，高校实验室普遍结合"平安校园"进行项目建设，实行"双重预防体系"和三级安全检查制度进行安全管理，不断提高标准化安全实验室建设水平。同时，实验室安全管理体系建设不断向信息化方向迈进，与传统的实验室安全管理体系相比，更具有主动性和科学性，能够为复杂系统提供反馈，并且主动监测安全管理状态。虽然实验室安全管理体系逐步完善，但是实验室安全管理仍然存在着安全管理细则和实验操作规程不全面、应急预案不完善等情况。由于部分学校实验室监管机制不健全，实验室管理人员安全意识不强、安全观念不深，对实验室安全问题重视程度不高，导致"制度执行不严，安全检查不力"现象的出现，降低实验室安全管理的效率，造成监管体系相对松懈的局面。

（三）安全保障体系

目前，多数高校实验室有专门的安全经费，用于安全管理、购置实验室必需的安全设备以及日常维护安全设备仪器。不过，部分高校仍存在实验室安全经费投入较少的现象，甚至将安全经费用于实践教学、购置科研设备等，使得高校实验室的安全防护设备得不到及时维护，缺少安全防护设施。此外，有的高校将老教室改造成为实验室，这样的房屋设计和消防都存在较大安全隐患。

（四）实验人员安全意识

目前，实验人员仍然存在安全意识不足、安全知识和技能不全面的情况。意识与教育方面，高校师生没有形成本质安全的意识思维，发生事故后，片面地将实验室事故归咎于危险源、操作不慎等原因。尽管高校均开展实验室人员准入培训，但对于实验操作规程的培训实际上无法从根源上改变实验室事故频发的问题，高校实验室应当注重实验人员安全意识的培训，推动相关人员主动关注实验室的风险隐患状况。

三、高校实验室事故致因分析

（一）实验室安全管理不到位

实验室安全管理是预防和控制实验室事故的关键环节。如果实验室安全管理不到位，就会给实验室安全带来隐患和风险，导致实验室事故的发生。实验室安全管理不到位的主要原因包括：

1.实验室安全管理制度不完善或不规范，缺乏明确的安全管理责任制和标准化操作规程。

2.实验室安全培训不足或不到位，实验人员缺乏必要的安全知识和操作技能，容易发生操作失误或事故。

3.实验室安全设施不完善或不符合要求，如防火、排气、防爆等设备存在问题，导致实验室安全隐患。

（二）实验室设备安全问题

实验室设备是实验室进行教学和科研活动的重要支撑，其安全性和稳定性直接影响实验室的安全和实验结果的准确性。实验室设备问题可能导致实验室事故的发生。实验室设备问题的主要原因包括：

1.实验室设备老化或维护不到位，导致设备出现故障或损坏。

2.实验室设备选型不当或安装不规范，导致设备性能不稳定或存在安全隐患。

3.实验室设备使用不当或操作失误，导致设备损坏或出现安全事故。

（三）实验操作安全问题

实验操作是实验室进行教学和科研活动的核心内容，其操作规范和安全性直接影响实验室的安全和实验结果的准确性。实验操作问题可能导致实验室事故的发生。实验操作问题的主要原因包括：

1.实验操作不规范或不按照实验操作规程执行，导致实验过程出现操作失误或安全事故。

2.实验操作过程中存在的人为因素，如操作人员的不当行为、个人卫生等，导致实验结果出现偏差或实验设备损坏。

3.实验操作过程中操作人员的安全意识不足或存在侥幸心理，忽视实验操作过程中的安全要求，从而导致实验室事故的发生。

（四）实验室环境安全问题

实验室环境是实验室进行教学和科研活动的基础，其安全性和卫生性直接影响实验室的安全和实验结果的准确性。实验室环境问题可能导致实验室事故的发生。实验室环境问题的主要原因包括：

1.实验室通风和空气质量不达标，导致实验室内部空气浑浊、有害气体积聚，对实验人员健康产生危害。

2.实验室卫生清洁不到位，存在杂物杂草、污水等问题，可能导致细菌、病毒、寄生虫等病原体滋生，影响实验室工作安全。

3.实验室噪声、振动、辐射等环境污染问题，可能导致实验人员的健康受到损害。

四、高校实验室安全管理水平提升

（一）高校实验室安全文化制度建设

实验室安全文化是师生在实验过程中形成的安全理念、安全意识形态和安全行为准则的总和，浓厚的实验室安全文化可以为校园安全乃至整个社会安全打下坚实的基础。因此，安全文化建设不仅对高校师生的安全意识和安全行为有着深刻的导向作用，也是助推实验室安全工作的主要力量。

1.完善安全文化制度保障体系

高校定期召开与实验室安全相关的工作会议，制定与实验室相符的实验室安全相关的各项规章制度，并删除陈旧过时条款，将内容做到与时俱进。开展大量的实验室安全宣传活动，促使师生形成"安全第一，预防为主"的安全观念。加强实验教师安全培训，更正教师安全意识，加强教师安全责任感，牢记安全使命，杜绝任何危害安全情况的发生，实验教师在课程过程中加强学生的安全意识的培养，普及安全知识及实验过程中危险的应急方式方法。

2.规范师生安全行为

按照安全文化制度要求，构建层级负责工作机制。实行"学校—学院—实验室"三级安全管理责任体系。学校设立安全生产委员会，成立实验室安全管理办公室，学院正职领导是第一安全责任人，实验室主任对整个实验室的安全负全部责任。每年学校与各学院、学院与各实验室、实验室与各师生层层签订安全责任书，严格践行实验室安全管理制度的要求，全面加强安全生产责任制的落实。加强安全意识培训会，营造校园安全文化氛围。依托微信公众号、学校官方微博、校园电子屏幕等，进行实验室安全知识宣传教育。每年定期开展"安全生产月"宣传教育活动，定期开展消防演练及实验室事故的应急处理演练活动，邀请行业专家定期对师生进行安全培训，普及安全知识。

3.保障安全制度实施

安全文化制度的落实离不开完善的监督检查机制。高校应借助信息化管理手段构建实验室安全检查管理系统，主要有巡检指标管理、巡检任务管理、隐患整改管理、巡检组管理、系统配置及授权管理等模块组成。克服以往安全检查耗费人力、检查片面、整改拖沓的缺点，实现安全检查的信息化管理。同时，通过汇总分析安全检查结果，也能暴露出实验室安全管理中尚存的问题，反过来指导安全文化制度建设的完善，更好地推动实验室安全文化建设。

（二）加强实验室准入机制建设

实验室是高校开展教学和科研的重要场所，也是高校综合实力的重要体现。随着高校实验室所承担工作任务的日益繁重，实验室安全问题已成为当前各高校关注的重点之一。近年来，实验室安全事故时有发生，给师生带来严重的实验安全危险感，因此完善实验室安全准入机制已成为当前各高校实验室安全管理的客观要求，也是实现高校人才培养、科学研究、社会服务、文化传承与创新的必然需要。

1.基础设施准入机制建设

实验室基础建设准入须满足教学和科研需求，要具有一定的前瞻性，保障必要的安全性，并融入实验室未来的发展方向，同时需要结合相关类型的实验室建设经验进行统筹规划。在批准设立实验室之前，学校根据不同学科和不同级别的实验室，由相应的部门组织论证和评估。对承担化学、生物、辐射等具有安全风险的教学、科研实验室的设立，在落实好相应的安全设施、取得相应的资质后方可申报。经安全管理部门组织验收、完成相关交接、明确管理责任后，实验室方可投入使用。

2.人员准入机制建设

人员准入包括师生、实验技术人员以及外来人员的准入审核，并须通过不同形式的培训或学习，经考试合格并签订安全责任书后，方可获得准入资格。学校可将实验室安全课程列为学生进入实验室前第一课，课程包括安全事故案例分析、安全知识与规章制度、安全规范操作、安全防护设施使用、应急处置与救护和安全教育考试等内容，并通过线上、线下、虚拟仿真等多种形式开展培训。通过组建实验室安全宣教团，开展多种多样的安全教育培训，并组织形式多样的实验室安全应急演练和消防灭火演练。

3.实验仪器及项目准入机制建设

实验仪器准入包括对高风险仪器设备、大型仪器设备、特种设备等所需的实验室环境条件进行评估。安全性论证是设备购置论证过程中的重要环节，主要包括专人负责该设备的管理、操作、维护等，并针对设备运行中可能出现的安全问题，制定相应的预案措施并确保落实。对于经论证需改造后进场的设备，必须提前进行设备改造，不得在设备进入实验室后再进行相关作业。通过设备准入制度，可以有效保障实验室安全、人员安全、设备安全和数据安全。项目准入是要求凡新增、取消或调整内容的实验项目均应预先进行安全风险评估。做好不同项目的安全等级划分，在第一时间将实验项目上报学校及安全管理部门进行安全风险评估，并制定相应的安全措施，以防安全事故的发生。

（三）高校实验室安全教育课程体系

实验室安全教育体系涉及多个方面，其中课程内容设置和教学方式是教育的核心，没有课程就谈不上教育。可以通过对课程内容和教学方式的具体设计和推动，带动安全教育整体发展。

1.课程内容设置

（1）课程内容体系的构建

结合安全教育体系的设计理念，提出实验室安全教育课程体系。

首先，在设计课程内容体系的时候，可以从安全要素中人的要素出发，设计不分专业、每个学生都需要学习的通识类课程。这类课程可以从学校层面整体设计，包括实验室安全基础知识、危险源识别、技术安防、安全管理等内容，这些内容具有普遍性。同时从安全要素中物的角度出发，不同专业的学生在实验过程中接触的危险物质不同，因此安全教育内容又可以细分为各个专业，形成专业类课程，比如化学、生物等相关专业的课程设计。

其次，安全课程又可以从教育目标的角度出发，课程又可以分为知识类、技能类与素养类。知识类侧重理念的学习，技能类侧重实操教学，素养类侧重安全价值观的塑造。素养类课程可以有安全法律法规、安全管理、实验室安全与环保意识、安全产业与经济等。无论是通识课程还是专业课程，都可以按照这 3 个层次进行分类，这种课程结构的划分不仅有利于构建起全面的实验室安全教育课程体系，还能够判断每门课程的性质，方便结合相应的教学方式。

（2）学习方案

将安全课程内容设计完成之后，还需要针对每个学习者制订教学方案、计划学习内容和学时要求，使每个学习者都可以根据自己的实际需要，设计自己的学习路径和课程方案，进行个性化学习。

通识类课程与专业类课程相辅相成，构成完整的整体，每个学习者都应学习一定的通识类课程和专业类课程。同时鉴于实验室安全内容的复杂性，为了使学生的安全素养、安全知识和安全技能得到全方位的提升，一定要保证充足的学时，明确必修的课程数量和类别。比如通识类的可以在知识类、技能类和素养类中至少各选择 1 门，至少学够 4 个学时。专业类的可以根据专业需要重点选择技能类的课程，也至少学够 4 个学时。除此之外，由于每个学生所做的科研实验都具有特殊性，因此，每个实验室也应该进行安全教育，可以设计 4 个学时。这样可以从学校、院系、实验室多方面进行全面的教育，而课程时长也保证了学生能够得到充分的学习和锻炼。

除此之外，在规定选课要求的时候，需要因受教育者的层次不同而有所差异。安全教育的对象不仅仅是学生，还有教师以及工作人员。比如对教师来讲，不仅需要学习安全知识，还需要学习安全管理，对于在实验室进行较多操作的工程师来说，其实践性更强，需要学习更多的实践类课程。

2. 教学模式的设计

较好的课程体系和内容需要有较好的教学方式进行输出。在安全教育的每个环节都可以引入信息技术手段，结合在线教育、虚拟现实技术、网络平台与线下教育的优势，形成混合式教学模式。混合式教学模式可以分别从多方面进行设计，同时满足学习者在受教育过程中对知识学习、技能训练、素质培养、学习过程管理等多方面的需求。

（1）线上教育与线下教育混合

可以将实验室安全知识和原理进行梳理，形成系统的知识结构，在线上课堂传播。线上课堂可观看视频、PPT 课件、论坛信息、线上测试、线上实时视频会议、线上提问、线上教师答疑等。线下课堂教师可以帮助学生完成对知识的建构和内化，传递安全的价值观，同时开展实操性强的培训课程。线上教育方便知识的学习，线下学习方便技能的训练和素养的培养。融合线上教育和线下教育的混合式教学，既可以提高学生学习的主动性和灵活性，又可以增进交流，从知识、技能和素养多方面进行安全教育。

（2）虚拟现实与真实场景教学混合

虚拟现实的课程能将抽象的内容形象化，并帮助学生深度体验实验和操作环境，增加安全技能，增强安全素养。通过对课程内容的分析，可以将一些需要深度感知的、具有较强操作性的，而现有条件又比较危险的教学环境，利用虚拟现实技术设计成虚拟情境，帮助学生有效学习。适用于利用虚拟现实技术的课程有：危险源识别、安全事故的教学、危险设备操作、消防应急演练、急救与应急处理。但是也需要注意，利用虚拟现实时，学习者在对同一方案进行操作时，每一次出现的现象都是一样的，时间久了可能会让学生产生定式思维，面对其他复杂环境的判断力降低，因此需要将真实场景的教学与虚拟现实教学结合起来，对操作简单的实验可以采用真实场景的教学。

（3）网络平台管理与教师监管混合

实验室安全教育是一项需要长期跟进的教育，需要对安全教育进行有效的效果评价。安全教育需要将教师传统的监督以及信息化技术手段结合起来，对学生的学习过程和结果进行有效的管理。对于在线学习的学习者，可以看到学习者对学习内容的选择，以及学习的完成度、测试结果、对某门课程的重复学习率等，对在线学习结果进行分析。通过开发在线教育平台管理系统，可以集成安全教育学习资料、网络考试系统、学生的学习记录和学习效果的评价等各个模块，在安全教育的每个环节做好管理，为安全教育顺利贯彻做好保障。

（四）高校实验室安全情景构建

为有效防止高校实验室突发事件的发生，提出适用于高校实验室安全的情景构建策略。通过研究高校实验室突发事件典型案例，明确高校实验室安全管理现有工作存在的不足，运用高校实验室突发安全事件的情景构建方法，提升高校实验室针对突发事件的应急处理能力，完善并建立一套适用于高校实验室的安全管理新模式。

1.情景构建方法的内涵及意义

情景构建方法是基于突发事件的实际情况，分析情景状况及事故后果，做好预防准备及安全处置的过程，合理分配工作任务，有针对性地做好安全管理规划及能力建设的工作路线。情景构建中的"情景"与典型事故案例不同，其核心是在假定发生的突发事件前做好准备工作，收集大量同类型事故并分析事故风险水平，依据这些事故案例数据，为未来的安全管理工作提供支撑。

2.适用于高校实验室安全管理的情景构建模型

建立高校实验室情景构建体系，包括情景分析、任务梳理和能力评估3个部分。通过对实验室事故案例的统计分析及规律研究，寻找不同事故案例的共性特点。通过邀请专家团队论证分析过程的专业性，做到全面可靠的情景分析。

在此基础上，通过梳理任务清单、记录情景任务列表、开展能力评估、提供能力报告等，建立适用于高校实验室的情景构建体系，具体如图3-1所示。

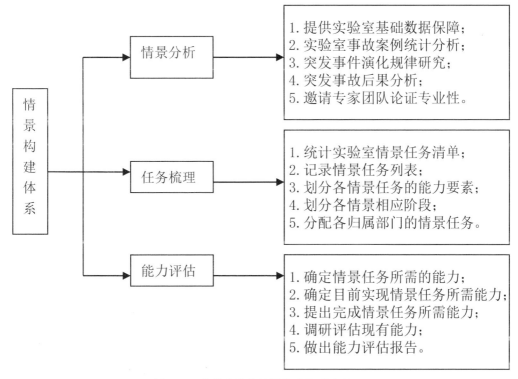

图 3-1　高校实验室情景构建体系建立

　　高校实验室情景构建体系需要明确情景构建要素，并确定实验室突发事件背景、突发事件过程、突发事件后果、突发事件应急任务等 4 个主要要素。

　　3. 突发事件危险源分析

　　为建立高校实验室情景构建体系，需要确定实验室各类安全突发事件的类型，分析突发事件的危险源，并明确所产生的危害及突发事件场地。高校实验室安全突发事件危险源分析如表 3-1 所示。

　　根据对高校实验室突发事件的危险源分析，危险化学品、气电管线道、易燃易爆物品这 3 类危险源引发的突发事件较多，并且能对实验人员、实验设备、周边环境、水体、大气造成不同程度的影响，因此高校须重点关注这 3 类危险源。高校突发事件的发生场所最容易发生在实验室，因此需要加大对实验室的安全投入，保证安全管理到位。尽管高校实验室突发事件总体较少，但也要重视这些事件可能带来的负面影响，如实验室危化品的遗失易造成学校及社会恐慌、气电管线问题会造成实验室工作无法正常开展、特种设备的倾轧及折断容易造成实验室人员受伤等。因此，高校实验室安全管理工作应从分析突发事件的危险源入手，运用情景构建方法，从事故发生的时间点开始，发现突发事件中存在的危险源，提高实验室安全管理的有效性。

表 3-1 高校实验室安全突发事件危险源分析

危险种类	突发事件类型	产生危害	突发事件场所
危险化学品	火灾、爆炸、腐蚀、污染、有毒物泄漏等	人员伤害、设备破坏、环境污染、水体污染	实验室、化学品库房、校内医院等
气电管线道	火灾、爆炸、触电、气体泄漏、污染等	人员伤害、设备损坏、大气污染、水体污染	实验室、图书馆、宿舍等
易燃、易爆物品	火灾、爆炸、高温灼伤、有毒物泄漏等	人员伤害、环境污染、大气污染、水体污染	实验室、教学楼、图书馆、宿舍等
特种设备	机械致伤	人员伤害、设备损坏	实验室、校内建筑工地等

4.突发事件的情景构建

（1）建立高校实验室的重大危险源及风险源信息共享平台

通过分析高校实验室突发事件危险源，统计高校实验室危险源类型、突发事件类型、突发事件发生场所及产生危害大小等信息，建立实验室重大危险源及风险源信息共享平台。在此基础上，统计分析高校实验室突发事件案例，运用实验室危险源数据，研究高校实验室突发事件的演化规律，针对高校实验室突发事件发生场所及产生危害大小，分析突发事件造成的事故后果。同时，邀请专家团队论证情景分析过程的专业性，确保完成高校实验室情景构建体系的情景分析过程，进一步健全高校实验室重大危险源及风险源信息共享平台。

（2）做好实验室消防安全工作

根据高校实验室危险源类别，确定高校实验室各区域的突发事件情景任务清单。高校实验室应加强安全管理与安全预警工作，在高校实验室区域设立感温火灾探测器、烟雾报警器等安全监测设备，提升实验室突发事件安全预警水平。同时，应设立消防栓、消防警铃等消防应急设备，做好应急疏散标识，配备充足的消防过滤式呼吸器、消防服、安全头盔等消防安全装备，定期开展高校实验室应急演练工作，提升高校实验室的应急疏散能力。

（3）建立应急组织机构并明确各部门应急职责

由于高校安全形势比较复杂，可遵循"分级管理、分工负责、分级优先"的原则，设立高校专门的安全事件处置领导小组和工作组，建立职业安全应急组织。高校突发事件领导小组要发挥"统筹协调、监测咨询"的作用，全面负责突发事件的应对、处置、管理等工作，相关职能部门组成的工作组可根据具体情况分为应急措施、火灾预警、医疗救助、信息管理和后续处置等不同的工作小组。这些工作小组应掌握实验室的危险源情况，如遇突发事件，应能及时采取应对措施。

（4）建立突发事件规律分析方法及风险后果推演模式

根据实验室突发事件背景、突发事件过程、突发事件后果、突发事件应急任务等影响因素，分析高校实验室各类突发事件的演化规律。同时，统计以往的高校实验室突发事件案例，分析各类突发事件的事故后果，建立适用于高校实验室的突发事件规律分析方法及风险后果推演模式，完善高校实验室情景构建体系中的情景任务工作，提出更适用于高校实验室的安全管理对策。为此，可从实验室安全培训、危险化学品及其衍生物监测机制、安全经费投入3个方面开展高校实验室情景构建实验室安全管理工作，具体如图3-2所示。

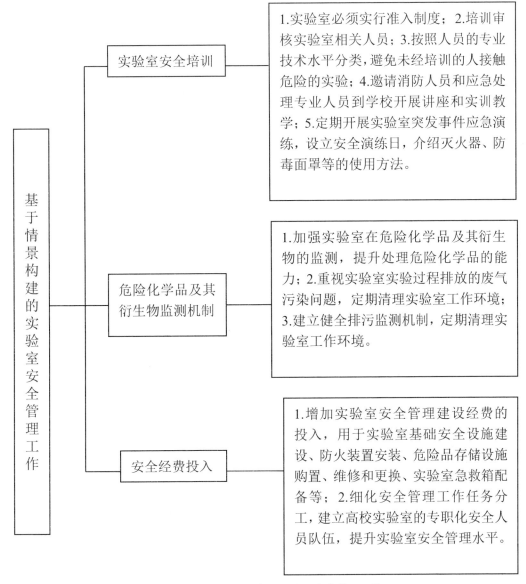

图3-2 针对突发事件的高校实验室安全管理工作

（5）高校应根据国家相关规定和自身实际情况确定事故等级划分

应急响应的基本原则是"及时报告、逐级报告"，在特殊情况下，也可以越级上报。应急响应的另一原则是"分级响应、分类响应"。根据事故的严重程度及危害程度，高校可分为3类应急响应等级。如果事故等级为安全事件，不存在人身伤害或火灾风险，并被及时消除，通常实施Ⅰ级响应。Ⅱ级响应主要由Ⅱ级部门应急行动工作队根据相关应急预案和本单位现场应急预案组织，学校应急领导工作队发挥主导作用。Ⅲ级响应主要由学校应急管理小组配合整体应急预案组织。如果事故等级、危害性和处理突发事件的难度发生变化，学校应及时调整响应等级。

第四章　新时期高校实验室人才队伍建设

第一节　高校实验室人才队伍建设的重要性和现状

高校实验室是高校人才培养和科研创新的重要基地，其队伍建设是优化实验室整体结构的重要方面，是高校发展创新创业教育的重要支撑。

一、高校实验室人才队伍建设的重要性

高校逐渐把学生的全面发展和培育学生的实践创新能力作为发展目标，把实验课加入到学生的课表中，将实验室列为人才培养的重要基地。实验室人员的工作职责从简单的仪器设备管理变成了实验授课、技术指导和科研创新。实验室的师资队伍决定了学生的日常学习能否正常进行，因此需要老师拥有丰富的知识储备和高超的动手能力；实验室的仪器维修、保养等工作也需要相关人员拥有专业的知识背景和严谨的工作态度；实验室的科研人员需拥有深厚的专业功底和新奇独特的创造力等。由此可见，实验室人才队伍建设尤为重要。

（一）高层次人才

高层次人才是高校实验室人才队伍建设的重要组成部分，也是实验室管理和发展的重要保障。高校实验室需要高层次人才来提供科学、规范、严谨的管理和技术支持，同时也需要高层次人才来推动实验室的科研和创新，保障实验室的发展和长远目标的实现。以下是高校实验室高层次人才的作用：

1.提供重要的科研和管理支持

高层次人才拥有丰富的科研和管理经验，能够为实验室提供科学、规范、严谨的管理和技术支持，促进实验室的科研和创新能力的提升，推动实验室的发展和长远目标的实现。

2.推动实验室的科研和创新

高层次人才具有卓越的科研和创新能力，能够为实验室的科研和创新提供重要的推动和支持，促进实验室的创新能力的提升，为实验室的科研和创新做出重要的贡献。

3.提高实验室的声誉和影响力

高层次人才的加入，不仅能够为实验室提供科研和管理的支持和保障，也能够提高实

验室的声誉和影响力，促进实验室在学术界和社会中的地位和影响力的提升。

4.带动实验室人才队伍的建设和发展

高层次人才的加入，能够带动实验室人才队伍的建设和发展，促进实验室人才队伍的提升和优化，增强实验室的凝聚力和团队合作意识，为实验室的发展和长远目标提供重要的支持和保障。

（二）骨干教师

高校实验室承担着培养学生和提高科研水平的重要任务，在高校尤其是理工类高校发展中发挥着重要的作用。实验室中包罗万象，有各种各样高精度的实验器材，其涉及科研、教学、消防等方面，需要高校对其高度重视，在实验室的管理过程中，人是第一要素，因此，教师队伍的建设在其中占据着十分重要的地位。

1.是实验教学的工作者

科学技术的发展离不开千万次的实验，而实验的进行离不开实验室。在人才培养与教育的过程中，实验室教学是推进科研成功的必备条件，大学教学中，理工类的学习不仅涉及理论知识的学习，关键还要进行实践的演练，以对知识的应用有更多、更深的了解，这就需要开展实验教学以帮助学生更好地将理论知识和实践联系起来，从而为后续的发展奠定良好的基础。实验室建设中，需要有专门的教师队伍在承担实验教学的同时，带领学生对实验室的教学器材进行实践演练，让学生通过实验器材的操作与应用实现所学知识与实际应用的衔接，也对与自己学科相关的科研知识和数据有非常详细的掌握和了解。在这个理论联系实际的教学过程中，发挥着知识传播者作用的就是实验室教师队伍，也因此，在高校教师队伍建设中，实验室教师队伍的建设和教师素质成为非常重要的一部分。

2.是器材管理与维护的重要参与者

实验室的工作相对于高校行政及专业课教师来说，比较复杂，他们在面对学生之外，更多地要面对实验室的器材，实验室涉及多个学科，有物理、化学、生物等各个方面，不同专业所需要的器材也各有不同，有些学科的器材危险度较高如化学学科，有些学科的器材是高精度类器材如物理学科，这些器材的管理与维护需要实验室教师队伍在其中发挥关键作用。实验室教师队伍需要有各个专业的人才，不仅要对器材的维护有一定的经验，还需要对器材的使用有详细的了解，尤其是那些高精度的器材，一旦损坏就对学校的科研教学带来不可预估的严重影响，这就需要实验室教师队伍中培养专门的器材使用及维护人才，加强日常器材的管理与维护，以保障器材的正常使用，避免对科研教学带来不必要的影响。

3.是推进实验室发展的中坚力量

实验室在高校人才培养和科研发展中起着关键作用，而在实验室发展的过程中，人才队伍的建设是保障实验室推陈出新，科研成果源源不断出现的中坚力量，也是帮助学生通过实验室学习实现学习和实践相联系，不断印证各类理论数据的重要基地。实验室教师队伍既肩负着维护实验室器材，保障器材安全、稳定的任务，还肩负着科研、实践教学等任务，在实验室的发展中，他们是推进日常工作的重要力量，也是保障学生成长成才及学校正常科研进展的关键。在未来的市场竞争乃至国际竞争中，科学技术是关键，人才则是推进科学技术发展的重要支撑，而实验室教师队伍是中坚力量，高校进行人才队伍建设和维护，必须要对实验室教师队伍的建设有所重视，以保证学校的可持续发展。

（三）研究生

研究生是高校实验室人才队伍建设的重要组成部分，他们是未来的科研和创新骨干，能够为实验室的发展和长远目标的实现提供重要的人才支持和科研动力。高校应加强研究生的培养和管理，提高其科研和创新能力。以下是研究生在高校实验室中的作用：

1. 科研创新能力的提高

研究生在实验室中能够参与科研项目的开展，积累实践经验，提高科研创新能力。研究生在实验室中与导师和实验室成员密切合作，掌握了一定的实验技能和实践经验，能够更好地理解和掌握科研思路和方法，增强科研创新能力。

2. 实验技能的提高

研究生在实验室中能够接触到各种高端科研设备和技术，学习实验室操作技能，提高实验技能水平。实验室操作技能的提高不仅对于科研创新有重要的作用，还能为研究生未来的职业发展打下坚实的基础。

3. 人才的培养

研究生是高校实验室中的重要人才，实验室对于研究生的培养也具有重要的作用。实验室能够为研究生提供实践平台和科研资源，提供良好的学习和成长环境，促进研究生的全面发展，为研究生的未来职业发展打下良好的基础。

4. 科研成果的产出

研究生在实验室中参与科研项目的开展，能够为实验室的科研成果产出做出重要的贡献。研究生在实验室中能够与导师和实验室成员紧密合作，共同完成科研项目，产出高水平的科研成果，提高实验室的科研影响力和学术声誉。

总之，研究生在高校实验室中具有重要的作用。高校应注重研究生的实践教育和实验技能培养，提高研究生的科研创新能力和实验技能水平，为研究生的未来职业发展打下坚实的基础。同时，高校应重视研究生在科研成果的产出和人才队伍的培养中的作用，充分发挥研究生在高校实验室中的作用，促进实验室的发展和长远目标的实现。

（四）实验技术人员

实验技术人员是高校实验室人才队伍建设的重要组成部分，他们是实验室技术和管理的支柱，能够为实验室的科研和创新提供重要的技术支持和保障。高校应加强实验技术人员的培养和管理，提高其实验室技术和管理能力。以下是实验技术人员在高校实验室中的作用：

1. 实验技术的支持

实验技术人员在实验室中担任着重要的技术支持角色，他们能够熟练掌握各种实验技术和实验设备的操作，能够为实验室的科研和教学提供全面的技术支持。

2.实验室管理

实验技术人员在实验室管理方面发挥着重要的作用，他们能够负责实验室设备和物品的管理，确保实验室的安全和卫生。实验技术人员还能够参与实验室的日常管理和组织工作，提高实验室的管理水平和效率。

3.教学和培训

实验技术人员在实验室教学和培训方面具有丰富的经验，能够为学生提供优质的实验课程和实验指导。实验技术人员还能够参与研究生的培养和指导工作，帮助研究生提高科研和实验技能。

4.科研创新

实验技术人员在科研创新方面也具有重要的作用，他们能够为科研项目的实验操作提供技术支持，提高科研成果的质量和效率。实验技术人员还能够积极参与科研项目的开展，为实验室的科研创新做出重要的贡献。

总之，实验技术人员是高校实验室中不可或缺的重要组成部分，具有多方面的作用。高校应重视实验技术人员的培养和管理，提高其实验技术和管理能力，加强实验室的管理和教学质量，促进实验室的发展和长远目标的实现。同时，高校还应注重实验技术人员在科研创新和教学培养方面的作用，充分发挥其在实验室科研和教学中的支撑和保障作用，为高校实验室的发展和长足进步提供重要的支持和保障。

（五）实验室管理员

实验室管理员是高校实验室人才队伍的重要组成部分，他们是实验室管理的关键，能够为实验室的管理和服务提供重要的保障和支持。高校应加强实验室管理员的培养和管理，提高其实验室管理和服务能力。以下是实验室管理员在高校实验室中的作用：

1.实验室管理

实验室管理员是实验室管理工作的重要执行者和协调者，能够负责实验室设备和物品的管理，确保实验室的安全和卫生。实验室管理员还能够负责实验室的日常维护和管理工作，加强实验室的管理水平和效率，保证实验室的正常运转。

2.设备维护和维修

实验室管理员能够及时发现实验设备的故障和问题，进行设备维护和维修，保证设备的正常运转。实验室管理员还能够对实验设备进行保养和更新，提高实验设备的使用寿命和效率。

3.安全管理

实验室管理员在实验室安全管理方面发挥着重要的作用，他们能够负责实验室的安全管理和事故预防工作，制定和执行实验室的安全规章制度，指导实验人员的安全操作和实验防护，保障实验人员的安全和健康。

4.财务管理

实验室管理员还能够负责实验室的财务管理工作，包括实验室经费的管理和使用、实验设备和物品的采购和保管，以及实验室的收支情况统计和报表汇总等工作。

总之，高校实验室人才队伍建设的构成包括高层次人才、骨干教师、研究生、实验技术人员和实验室管理员等多个方面，需要从多个角度加强人才队伍的建设和管理，提高实验室的科研和创新能力，保障实验室的发展和长远目标的实现。

二、高校实验室人才队伍建设的现状

（一）重视程度不够

数据表明，近年来高校在引进高层次人才和实验室科研设备的购买上花销比重较大，而在实验室人员的招聘和培养方面重视程度不够。一方面是由于高校普遍重视科研成果，而轻视实验育人，将实验室简单定义为教辅单位，认为实验室药品分类、仪器检查等都属于低难度、低要求的重复性工作，不必过于重视；另一方面是因为许多高校的实验室人员年龄较大或综合育人水平较低，实验室人才队伍整改计划仅停留在宣传层面，并没有按照要求真正落实。此外，高校在实验室人员培训上给予的名额也相对较少，种种现象皆可表明高校对实验室人才队伍建设缺乏足够的重视。

1.高校普遍重视科研成果而轻视实验育人

随着高校的不断发展和壮大，科研成果逐渐成为高校评价的重要标准之一。许多高校在科研方面不遗余力，加大科研投入，鼓励教师和研究生开展科研项目，提高科研成果产出。然而，在这种情况下，一些高校开始忽视实验育人的重要性，导致实验室人才队伍建设不足。这种现象主要有以下几个方面：

（1）教师评价体系不完善

当前，许多高校的教师评价体系过分强调科研成果，而忽视了实验育人的重要性。这种评价体系导致教师过于追求科研成果，而忽略了实验室的教学和管理工作，进而影响实验室人才队伍建设。

（2）实验室人才队伍培养不足

实验室人才队伍建设需要长期的培养和投入，但是在高校的实践中，实验室人才队伍的培养往往被忽视。这种情况主要体现在高校对实验室人才队伍的投入不足，没有为实验室人才提供充足的培训和发展机会，影响了实验室人才的成长和队伍建设。

（3）实验育人缺乏动力

在高校教育中，实验育人缺乏足够的动力和支持。一方面，实验教学的实践性和学术性较弱，难以激发学生的兴趣和积极性；另一方面，实验育人的评价标准不明确，缺乏有效的激励措施，使得教师在实验教学中缺乏动力和投入，进而影响实验室人才队伍的培养和建设。

2.高校实验室人员年龄较大或综合育人水平较低

高校实验室人员年龄较大或综合育人水平较低，也是影响高校实验室人才队伍建设的一个主要方面。这种情况主要体现在以下几个方面：

（1）实验室人员年龄结构老化

随着时间的推移，一些高校实验室人员的年龄结构越来越老化。这些实验室人员在实验技术和管理方面具有丰富的经验和技能，但是他们在新技术和新理念方面的接受度和适应性较低，难以适应新时代的发展需求，这对实验室人才队伍建设造成了一定的阻碍。

（2）实验室人员综合育人水平不高

高校实验室人员综合育人水平不高也是影响实验室人才队伍建设的一个主要问题。由于实验室人员在日常工作中主要从事实验技术和管理工作，缺乏充足的时间和机会参与教学和培养工作，导致实验室人员的综合育人水平相对较低，难以满足高校实验室的教学和科研需求。

（3）实验室人员岗位培训不足

高校实验室人员的岗位培训不足也是影响实验室人才队伍建设的一个重要因素。由于实验室技术和管理工作的复杂性和多样性，实验室人员需要不断更新自己的技术和知识，以适应不断变化的科研和教学需求。然而，在高校实践中，实验室人员的岗位培训和技术更新相对不足，影响了实验室人才队伍的培养和建设。

（二）人员结构不合理

目前，许多高校依然存在实验室人员结构不合理、队伍综合素质偏低的现象。主要体现在以下几个方面：

1.高校实验室人员队伍年龄结构不合理

当前，许多高校实验室人员的年龄结构不合理，存在人员年龄老化、缺乏中青年骨干等问题。这种现象的存在主要由于：

（1）高校实验室人员培养机制不完善

高校实验室人员培养机制不完善，往往缺乏针对不同年龄段实验室人员的培训和发展计划，导致一些实验室人员无法及时提升自己的能力和素质，造成年龄结构不平衡。

（2）高校实验室人员流动性不足

许多高校实验室人员流动性不足，长期留在同一实验室从事相同的工作，难以获得新的经验和技能。这种情况会导致实验室人员的工作和思想僵化，缺乏创新性和活力，进而影响实验室人才队伍的建设。

2.实验室人员的学历相差较大

高校实验室人员的学历水平不同，存在学历相差较大的现象。存在这种现象主要有以下原因：

（1）高校实验室人员来源不同

高校实验室人员的来源多种多样，有些人来自高校的教学科研部门，有些人来自企业或者其他单位。这种差异会导致实验室人员的学历水平存在较大差异，难以满足高校实验室的教学和科研需求。

（2）高校实验室人员培训不足

高校实验室人员，往往缺乏充分的培训和学习机会，不能及时提升自己的知识和技能水平，影响实验室人员的学历水平和工作能力。

3.高校实验室人员存在思想消极、工作不上进等现象

在高校实验室人员队伍中，存在一些思想消极、工作不上进的人员，存在这种现象主要有以下原因：

（1）高校实验室人员工作压力较大

高校实验室人员的工作压力较大，由于实验室人员工作的专业性和技术性较强，常常需要长时间坐在实验台前进行实验和测试。这种工作方式容易造成实验室人员的身体和心理压力，影响其工作积极性和创造性。

（2）高校实验室人员职业规划不清晰

高校实验室人员的职业规划不清晰，缺乏明确的发展方向和目标。这种情况会导致实验室人员缺乏前进的动力，难以提升自己的工作能力和技能水平。

综上所述，高校实验室人员结构不合理是影响高校实验室人才队伍建设的一个主要问题，主要体现在高校实验室人员队伍年龄结构不合理、实验室人员的学历相差较大和高校实验室人员存在思想消极、工作不上进等现象。

（三）缺乏考评和激励政策

缺乏科学合理的考评和激励政策，也是影响实验室人员工作积极性的重要原因。主要表现在以下几个方面。

1.缺乏明确的考评标准和制度

高校实验室人员缺乏明确的考评标准和制度，导致实验室人员的工作和贡献无法得到有效的评价和认可。例如，有些高校实验室人员的考核标准比较模糊，很难衡量实验室人员的实际工作表现和贡献；同时，实验室人员的考核和评价通常缺乏科学性和客观性，可能存在主观因素的干扰。

2.缺乏有效的激励政策

高校实验室人员缺乏有效的激励政策，往往不能吸引和留住优秀的实验室人才。例如，有些高校的实验室人员的工资福利待遇比较低，缺乏晋升和评价标准，难以激励实验室人员的积极性和创造性；同时，一些高校缺乏科学的激励机制，未能有效地提高实验室人员的工作满意度和忠诚度。

3.缺乏有效的培训和发展机制

高校实验室人员缺乏有效的培训和发展机制，往往无法提升自己的知识和技能水平，难以适应不断变化的科研和教学需求。例如，有些高校缺乏针对实验室人员的培训计划和发展计划，难以引导实验室人员不断提升自己的能力和素质；同时，实验室人员的培训和

发展机制通常缺乏针对性和实效性，缺乏有效的激励和保障措施。

（四）职称晋升不顺畅

实验室技术人员职称晋升通道一般为实验员、助理实验师、实验师、高级实验师、正高级实验师，对学历、业务能力、考评结果等要求严格，实验室人员晋升大多也需要学术论文和科研成果的支撑。加之每年的职称晋升名额有限，晋升通道较为单一，而实验室人才队伍人员众多，内部竞争较激烈，导致许多人竞争优势弱，职称晋升不顺畅，较为被动。长此以往，会造成实验室人员积极性下降，懒惰懈怠之风盛行。主要表现在以下几个方面。

1. 职称评定标准不明确

高校实验室人员职称评定标准不明确，难以评估实验室人员的综合素质和工作表现。例如，一些高校对实验室人员的职称评定标准不够明确，存在主观性和不确定性，难以为实验室人员提供公正、公平的晋升机会；同时，实验室人员的职称评定标准通常缺乏科学性和客观性，可能存在一些偏差和误判。

2. 职称晋升机制不完善

高校实验室人员职称晋升机制不完善，缺乏有效的晋升机会和渠道。例如，一些高校实验室人员的职称晋升渠道比较单一，难以为实验室人员提供多样化的职业发展机会；同时，一些高校的职称晋升机制缺乏灵活性和包容性，难以为实验室人员提供更好的晋升机会。

3. 评审程序不规范

高校实验室人员职称评审程序不规范，存在一些管理上的问题。例如，一些高校在职称评审过程中，可能存在一些不公正、不公平的现象，例如以权谋私、门户之见等；同时，实验室人员职称评审程序通常缺乏透明度和公开性，缺乏有效的监督和管理措施。

第二节　高校实验室人才队伍建设的目标和策略

一、高校实验室人才队伍建设的目标

高校实验室人才队伍建设的目标是建立一支素质优良、结构合理、能够适应高校教学和科研发展需要的实验室人才队伍。其主要目标包括：

（一）实验室人才队伍结构合理

高校实验室人才队伍应该具有结构合理、层次分明的特点，包括各个层次的人才都有其定位和发展空间。高校实验室人才队伍的结构应该符合实验室的需求和发展规划，包括高层次人才、骨干教师、实验技术人员、实验室管理员等多个层次的人才。高校实验室应该合理配置各个层次人才的比例，保证实验室的高效运作。

1.年龄结构合理

年龄结构合理是高校实验室人才队伍结构合理的重要方面。实验室人才队伍中应该既有经验丰富的老师，也有具备创新思维和实验技能的年轻人才。在实验室人才队伍中，年轻人才在科研和技术创新方面具有较大优势，而老师则具有丰富的实践经验和学术造诣。高校实验室应该注重不同年龄段的实验室人才的培养和管理，加强不同年龄段的实验室人才之间的交流和合作，提高实验室人才队伍整体的科研和教学能力。

2.学历结构合理

学历结构合理是高校实验室人才队伍结构合理的重要方面。高校实验室人才队伍中应该既有具备硕士、博士等高学历的人才，也有具备技术技能的技术工人。高校实验室应该注重不同学历的实验室人才的培养和管理，加强不同学历的实验室人才之间的交流和合作，提高实验室人才队伍整体的科研和教学能力。

3.能力结构合理

能力结构合理是高校实验室人才队伍结构合理的重要方面。高校实验室人才队伍中应该既有具备学术造诣的专家学者，也有具备实验技能和创新能力的技术人员。实验室人才队伍中不同能力层次的人才各有所长，能够为实验室的科研和教学提供多种技术支持和学术建议。高校实验室应该注重不同能力层次的实验室人才的培养和管理，鼓励实验室人才之间的交流和合作，促进实验室人才队伍整体能力的提升。

4.岗位结构合理

岗位结构合理是高校实验室人才队伍结构合理的重要方面。高校实验室人才队伍中应该既有具备学术造诣的专家学者，也有具备实验技能和管理能力的实验室管理员。实验室人才队伍中不同岗位的人才各有所长，能够为实验室的科研和教学提供多种技术支持和管理服务。高校实验室应该注重不同岗位的实验室人才的培养和管理，鼓励实验室人才之间的交流和合作，促进实验室人才队伍整体能力的提升。

5.结构优化

高校实验室人才队伍结构合理还需要实验室人才队伍结构优化。实验室人才队伍结构优化需要通过多种措施，例如引进高层次人才、发展年轻人才、注重技术工人和实验室管理员等不同类型的人才。高校实验室应该制订科学的人才队伍结构优化计划，注重不同类型人才的培养和管理，提高实验室人才队伍整体的科研和教学能力。

综上所述，高校实验室人才队伍结构合理是高校实验室科研和教学成功的重要保障，需要注重年龄结构、学历结构、能力结构和岗位结构的合理搭配，以及人员结构的优化。实验室人才队伍结构的合理与否直接关系到实验室人才队伍整体科研和教学能力的发挥，因此高校实验室应该注重人才队伍结构的建设和优化，为高校教学和科研事业提供有力的支撑。

（二）实验室人才队伍素质优良

高校实验室人才队伍的素质应该优良，具备较高的学术水平、技术水平和管理水平。

高校实验室应该注重人才的培养和发展，加强人才队伍的技能培训和职业发展，提高实验室人才的整体素质和能力。以下就高校实验室人才队伍素质优良的几个关键因素进行探讨。

1. 专业素养的培养

专业素养是高校实验室人才队伍素质优良的基础。高校实验室应该加强实验室人才的专业知识和技能培养，提高实验室人才的学术水平和实验技能水平。高校实验室应该鼓励实验室人才参加学术会议和交流活动，扩大实验室人才的学术交流和合作范围，提高实验室人才的学术影响力和竞争力。

2. 实践能力的培养

实践能力是高校实验室人才队伍素质优良的重要组成部分。高校实验室应该为实验室人才提供丰富的实践机会，提高实验室人才的实验技能和实验方法的熟练程度。实验室人才应该注重实验数据的收集和分析，熟练掌握实验数据处理的方法和技巧。同时，高校实验室还应该注重实验室人才的实验设计能力，培养实验室人才的独立思考和解决问题的能力。

3. 创新能力的培养

创新能力是高校实验室人才队伍素质优良的重要体现。高校实验室应该注重实验室人才的创新能力培养，鼓励实验室人才积极探索和研究新的科学问题和实验方法，提高实验室人才的创新能力和科学思维能力。高校实验室还应该为实验室人才提供创新项目的培育和孵化平台，帮助实验室人才实现科研成果的转化和产业化。

4. 团队协作能力的培养

团队协作能力是高校实验室人才队伍素质优良的重要体现。高校实验室应该注重实验室人才的团队协作能力培养，鼓励实验室人才积极参与团队合作，提高实验室人才的团队协作和沟通能力。高校实验室还应该建立良好的团队协作机制，激励实验室人才积极参与团队活动，加强实验室人才之间的交流和合作，提高实验室人才的团队合作和协作能力。

5. 国际视野和人文素质的培养

国际视野和人文素质是高校实验室人才队伍素质优良的重要方面。高校实验室应该鼓励实验室人才参加国际学术交流活动，拓宽实验室人才的国际视野和交流渠道，提高实验室人才的国际化水平。同时，高校实验室还应该注重实验室人才的人文素质培养，加强实验室人才的文化、历史、伦理等方面的教育，提高实验室人才的人文素质和社会责任感。

综上所述，高校实验室人才队伍素质优良是高校实验室科研和教学取得成功的重要保障。高校实验室应该注重实验室人才队伍素质的培养，加强实验室人才的专业素养、实践能力、创新能力、团队协作能力及国际视野和人文素质的培养，提高实验室人才的整体素质和能力，为高校教学和科研发展提供有力的支撑。

（三）实验室人才队伍适应高校教学和科研发展需要

高校实验室人才队伍应该能够适应高校教学和科研发展需要，具备开展高水平科研和教学工作的能力。高校实验室应该根据实验室发展规划和需求，有针对性地招聘和培养适应高校教学和科研发展需要的人才，确保实验室人才队伍的发展与实验室发展同步。以下就实验室人才队伍适应高校教学和科研发展需要的关键因素进行探讨。

1.对教学和科研需求的了解和把握

实验室人才队伍要适应高校教学和科研发展的需要，首先要了解和把握高校教学和科研的需求。高校实验室应该积极了解教学和科研的需求，为实验室人才队伍提供多样化的学习和培训机会，帮助实验室人才掌握最新的科研及教学技术和方法，提高实验室人才队伍的整体素质和能力。

2.学科交叉和融合的能力

实验室人才队伍要适应高校教学和科研发展的需要，还应具备学科交叉和融合的能力。高校实验室应该加强不同学科领域之间的交流和合作，使实验室人才具备跨学科的能力和视野，提高实验室人才的综合素质和创新能力。

3.实践能力和技术应用能力

实验室人才队伍要适应高校教学和科研发展的需要，还应注重实践能力和技术应用能力的养成。高校实验室应该为实验室人才提供实践和实验的机会，使实验室人才具备独立思考和解决问题的能力，注重实验技术和方法的应用，提高实验室人才的实践能力和技术应用能力。

4.团队合作和沟通能力

实验室人才队伍要适应高校教学和科研发展的需要，还应注重团队合作和沟通能力的养成。高校实验室应该加强实验室内部和外部的交流和合作，使实验室人才具备团队合作和沟通能力，鼓励实验室人才之间的合作和互动，实现知识、技能和资源的共享，提高实验室人才的团队合作和沟通能力。

5.国际化和跨文化交流能力

实验室人才队伍要适应高校教学和科研发展的需要，还应注重国际化和跨文化交流能力的养成。随着全球化进程的不断推进，高校实验室需要面向国际，开展国际合作和交流，实验室人才需要具备跨文化交流和合作的能力。高校实验室应该为实验室人才提供国际交流和培训的机会，加强实验室人才的外语和跨文化交流能力的培养，提高实验室人才的国际化水平。

6.终身学习和自我提升的意识和能力

实验室人才队伍要适应高校教学和科研发展的需要，还应注重终身学习和自我提升的意识和能力的养成。高校实验室应该加强实验室人才的培训机制，鼓励实验室人才自主学习和提升，提高实验室人才的终身学习和自我提升的意识和能力水平。

总之，高校实验室的人才队伍需要具备适应高校教学和科研发展的能力，这需要实验室人才具备学科交叉和融合的能力，注重实践能力和技术应用能力、团队合作和沟通能力、国际化和跨文化交流能力、终身学习和自我提升的意识和能力等多方面的素质和能力的养成。高校实验室应该加强人才队伍建设，建立完善的人才培养和激励机制，提高实验室人才的整体素质和能力的养成，为高校教学和科研发展提供有力的支撑。

（四）实验室人才队伍稳定和持续发展

高校实验室人才队伍应该稳定和持续发展，保证实验室人才队伍的持续性和稳定性。高校实验室应该注重人才队伍的管理和激励，为实验室人才提供良好的工作和生活环境，提高实验室人才的工作积极性和创造性。以下就实验室人才队伍稳定和持续发展的关键因素进行探讨。

1.职业发展和晋升机制

建立健全的职业发展和晋升机制，是实验室人才队伍稳定和持续发展的前提条件。高校实验室应该根据实验室人才队伍的需要，制定相应的职业发展和晋升机制，提供有利于人才成长的良好环境和机会。实验室人才在实验室工作中不断提高自身素质和能力，积极参与科研和教学活动，通过自身的努力和实验室的支持，实现职业发展和晋升。

2.工作和生活环境

提供良好的工作和生活环境，是实验室人才队伍稳定和持续发展的必要条件。高校实验室应该提供舒适、安全、便利的工作和生活环境，保障实验室人才的工作和生活需求。例如，提供优质的实验室设施和仪器设备，提供科研和教学活动所需的资金和资源，为实验室人才提供健康、舒适的生活环境。

3.培养和激励机制

建立健全的培养和激励机制，是实验室人才队伍稳定和持续发展的重要保障。高校实验室应该注重实验室人才的培养和发展，通过提供多样化的培训和学习机会，激发实验室人才的学习热情和创新能力。同时，实验室应该建立公正、公开的激励机制，对实验室人才的贡献和表现进行公正评价和激励，为实验室人才提供有利于职业发展的激励机制。

4.沟通和协作机制

建立健全的沟通和协作机制，是实验室人才队伍稳定和持续发展的必要条件。高校实验室应该建立良好的沟通和协作机制，加强实验室内部和外部的交流和协作，鼓励实验室人才之间的合作和互动，实现知识、技能和资源的共享。同时，实验室应该加强与外界的联系，积极参与学术交流和合作，为实验室人才提供更多的发展机会和平台。

5.公平和公正的待遇

提供公平和公正的待遇，是实验室人才队伍稳定和持续发展的保障之一。高校实验室应该为实验室人才提供公平、公正的薪酬和福利待遇，保障实验室人才的基本生活需求。同时，实验室应该注重人才的发展和激励，根据实验室人才的贡献和表现，给予适当的激励和奖励。

总之，实验室人才队伍稳定和持续发展需要建立健全的职业发展和晋升机制、提供良好的工作和生活环境、建立健全的培养和激励机制、建立健全的沟通和协作机制、提供公平和公正的待遇等多方面的保障。高校实验室应该重视实验室人才队伍稳定和持续发展，加强实验室人才队伍的管理和培养，提高实验室人才的整体素质和能力，为实验室的发展提供有力的支撑。

二、加强高校实验室人才队伍建设的措施

（一）加强高层次人才的引进和培养

高校应加强高层次人才的引进和培养，为实验室人才队伍的建设提供重要的人才支持。高校可以制订人才引进和培养计划，结合实验室的需求和特点，引进和培养高层次人才，提高实验室的科研和创新能力。

1.建立健全人才引进机制

高校应该建立健全人才引进机制，制定科学、灵活的招聘政策，吸引国内外优秀的高层次人才来到实验室工作。例如，可以采取提供优厚的薪资待遇、提供科研经费和实验设备等措施，为高层次人才提供良好的工作和生活环境。

2.加强高层次人才的培养

高校应该加强对高层次人才的培养，提供丰富多样的培训机会和平台，以不断提升实验室人才的综合素质和能力水平。例如，可以组织高层次人才参加国际、国内学术会议，开设研究生课程，邀请国内外知名学者进行学术讲座等，为实验室人才提供广阔的学术交流和发展平台。

（二）加强骨干教师的培养和管理

高校应加强骨干教师的培养和管理，提高其实验室管理和科研能力。高校可以制订骨干教师的培养和管理计划，为骨干教师提供相关培训和支持，提高其实验室管理和科研能力，推动实验室的发展和长远目标的实现。

1.制订科学、合理的工作计划和考核制度

高校应该制订科学、合理的工作计划和考核制度，为骨干教师提供明确的工作任务和考核标准。例如，可以采用定期考核、绩效考核等方式，及时了解骨干教师的工作状况和工作成果，提供必要的工作指导和帮助，激励骨干教师积极投入科研和教学工作。

2.为骨干教师提供良好的工作和生活环境

高校应该为骨干教师提供良好的工作和生活环境。例如，可以为骨干教师提供良好的实验室和办公设施、丰富的学术资源、优厚的薪酬待遇、完善的社会福利等，提高骨干教师的工作积极性和创造性。

3.加强骨干教师的职业发展和培训

高校应该加强骨干教师的职业发展和培训，提供各种培训和学术交流机会，帮助骨干教师提高科研水平和教学能力。例如，可以邀请国内外知名学者开设学术讲座、组织骨干教师参加国内外学术会议、开展学术研讨等活动，为骨干教师提供丰富的学术资源和学术交流平台。

4.加强骨干教师的团队建设

高校应该加强骨干教师的团队建设，营造良好的学术氛围和团队合作精神。例如，可

以开展学术交流和合作活动，组织骨干教师参与科研项目和教学课程的合作研究，提高骨干教师的合作精神和团队协作能力。

5.加强骨干教师的心理健康教育

高校应该加强骨干教师的心理健康教育，关注骨干教师的心理健康状况。例如，可以开展心理健康知识讲座、组织心理咨询服务等活动，及时为骨干教师解决心理问题，提高骨干教师的心理健康水平和工作效率。

综上所述，高校实验室应该加强对骨干教师的管理和服务，为骨干教师提供良好的工作和生活环境、优质的培训和学术交流机会、科学的考核和评估机制、良好的激励机制和心理健康教育，促进骨干教师的成长和发展，提高实验室的整体水平和竞争力。

（三）加强研究生的培养和管理

高校应加强研究生的培养和管理，提高其科研和创新能力。高校可以制订研究生的培养和管理计划，为研究生提供相关的科研和创新培训，提高其科研和创新能力，培养未来的科研和创新骨干。

1.研究生实践教育的开展

高校应加强研究生实践教育的开展，为研究生提供更加丰富的实践平台和实验资源，增强研究生的实践能力和实验技能水平。同时，高校应加强实验室的设施和设备建设，为研究生提供更加先进和优质的实验设备和技术支持。

2.研究生导师的培养和管理

高校应注重研究生导师的培养和管理，提高导师的科研创新能力和实验技能水平，加强导师与研究生之间的沟通和交流，指导研究生开展科研项目，提高研究生的科研能力和实践经验。

3.研究生科研成果的产出和转化

高校应注重研究生科研成果的产出和转化，为研究生提供更加广泛的科研平台和资源，加强科研成果的转化和应用，提高研究生的科研成果产出和转化效率。

4.研究生人才队伍的建设和管理

高校应加强研究生人才队伍的建设和管理，提高研究生的综合素质和实践能力，加强研究生的交流和合作，促进研究生团队的凝聚力和合作意识，为实验室的发展和长远目标的实现提供重要的支持和保障。

总之，高校应充分发挥研究生在高校实验室中的作用，加强研究生的实践教育和实验技能培养，提高研究生的科研创新能力和实验技能水平，为研究生的未来职业发展打下坚实的基础。

（四）加强实验技术人员的培养和管理

高校应加强实验技术人员的培养和管理，提高其实验室技术和管理能力。高校可以制订实验技术人员的培养和管理计划，为实验技术人员提供相关的技术和管理培训，提高其实验室技术和管理能力，为实验室的科研和创新提供技术保障。

1.制订合理的培养计划

高校实验室应该制订合理的实验技术人员培养计划，明确实验技术人员的职业规划和发展路径。例如，可以制定实验技术人员职业技能等级认证制度，明确不同级别的职业技能要求和培训计划，为实验技术人员提供明确的培训目标和培训路径。

2.加强实验技术人员的技能培训

高校实验室应该加强实验技术人员的技能培训，提高实验技术人员的实践技能和专业水平。例如，可以组织实验技术人员参加相关技术培训、学习新技术和新方法，掌握新的实验技术和方法，提高实验技术人员的综合素质和实验操作能力。

3.加强实验技术人员的管理和服务

高校实验室应该加强实验技术人员的管理和服务，为实验技术人员提供良好的工作和生活环境。例如，可以提供优质的实验设备和设施、良好的实验室管理和维护制度、优厚的薪酬待遇和完善的社会福利等，提高实验技术人员的工作积极性和创造性。

4.注重实验技术人员的职业发展和晋升

高校实验室应该注重实验技术人员的职业发展和晋升，为实验技术人员提供广阔的职业发展空间和晋升机会。例如，可以制定实验技术人员职称评定制度，为实验技术人员提供合理的职业晋升和发展机会，鼓励实验技术人员在实验室工作中不断提高自身素质和能力。

5.加强实验技术人员的团队建设

高校实验室应该加强实验技术人员的团队建设，提高实验技术人员的团队合作精神和沟通协作能力。例如，可以组织实验技术人员开展实验技术研讨会、技术交流会等活动，提高实验技术人员的技术水平和团队合作能力。

6.加强实验技术人员的职业道德教育

高校实验室应该加强实验技术人员的职业道德教育，强化实验技术人员的职业操守和职业责任感。例如，可以开展实验技术人员职业道德教育和职业规范培训，加强实验技术人员的职业道德意识和职业责任感。

综上所述，高校实验室应该加强对实验技术人员的培养和管理，建立科学的培养计划和考核评估机制，加强实验技术人员的技能培训和职业发展，为实验技术人员提供良好的工作和生活环境及激励机制，加强实验技术人员的团队建设和职业道德教育，提高实验室整体水平和实验技术人员的综合素质。

第三节　高校实验室人才队伍的评价和激励机制

一、高校实验室人才队伍的评价

高校实验室人才队伍是高校实验室科研和教学成功的重要保障，需要对实验室人才队伍进行全面的评价，以进一步促进实验室人才队伍的持续发展和优化。下面就高校实验室人才队伍的评价进行探讨。

（一）绩效评价

绩效评价是对实验室人才队伍的科研和教学成果进行评价。高校实验室应该建立科学的绩效评价体系，综合考虑实验室人才队伍的科研和教学业绩、贡献度和影响力等方面，评价实验室人才队伍的工作效果和贡献。绩效评价可以通过各种方式实现，例如定期考核、科研项目的申报和评审等。

1.绩效评价指标

高校实验室人才队伍的绩效评价指标应该包括科研和教学方面的成果、贡献度和影响力等方面。具体的指标包括：

科研成果：承担科研项目、发表论文、获得专利、技术成果等。

教学成果：教学成果奖、优秀课程建设等。

贡献度：对实验室科研和教学工作的贡献度，例如实验室管理、人才培养等。

影响力：对实验室和高校的影响力，例如科研成果的影响力、教学成果的质量和影响力等。

2.绩效评价方法

高校实验室人才队伍的绩效评价方法应该综合考虑实验室人才队伍的工作表现和贡献，采用多种评价方式和方法，例如综合评价、专家评审、自评互评等。具体的评价方法包括：

综合评价法：对实验室人才队伍的科研和教学成果、贡献度和影响力等方面进行综合评价，从而评价实验室人才队伍的工作绩效。

专家评审法：组织专家对实验室人才队伍的科研和教学成果进行评审，以专家评审结果为依据进行绩效评价。

自评互评法：实验室人才队伍进行自我评价和互相评价，从而对实验室人才队伍的工作表现和贡献进行评价。

3.绩效评价周期

高校实验室人才队伍的绩效评价周期应该根据实验室人才队伍的工作特点和实际情况

进行制定，一般应该在一个学年或者一个科研项目周期结束后进行评价。实验室人才队伍的绩效评价应该是一个周期性的过程，能够及时发现实验室人才队伍的工作表现和问题，为实验室人才队伍的持续发展提供及时的指导和帮助。

4.绩效评价结果的应用

高校实验室人才队伍的绩效评价结果应该是管理和服务实验室人才队伍的重要依据，其应该根据实验室人才队伍的评价结果进行调整和优化。评价结果应该用于指导实验室人才队伍的培养和管理，制订科研和教学发展计划，优化实验室人才队伍的结构，提高实验室人才队伍的绩效和素质。

同时，评价结果应该被广泛应用于高校实验室的奖惩、晋升和选拔等方面，为高校实验室人才队伍的选拔、培养和管理提供有力的支持。

5.绩效评价的重要性

高校实验室人才队伍的绩效评价是推动实验室管理和发展的重要手段，具有以下重要意义：

绩效评价是实验室人才队伍管理的重要手段。通过绩效评价，能够发现实验室人才队伍存在的问题和不足，制定改进措施，推动实验室人才队伍的发展。

绩效评价是实验室人才队伍管理的重要依据。通过绩效评价结果，能够制订科研和教学发展计划，优化实验室人才队伍的结构，提高实验室人才队伍的绩效和素质。

绩效评价是激励实验室人才队伍的重要手段。通过绩效评价结果，能够为实验室人才队伍的晋升和选拔提供重要依据，为实验室人才队伍的激励提供有力支持。

绩效评价是促进实验室人才队伍发展的重要保障。通过绩效评价，能够及时发现实验室人才队伍的工作表现和问题，为实验室人才队伍的持续发展提供及时的指导和帮助。

（二）能力评价

能力评价是对实验室人才队伍的实验技能、学术造诣和管理能力等方面进行评价。高校实验室应该注重对实验室人才队伍的能力评价，定期对实验室人才队伍进行能力测试和培训，评价实验室人才队伍的实验技能和学术水平，提高实验室人才队伍的整体能力和水平。

1.评价指标

高校实验室人才队伍能力评价的指标应该综合考虑实验室人才队伍的能力和素质，包括科研和教学能力、团队协作能力、实验操作能力、管理能力等方面。具体的指标包括：

科研能力：论文发表、科研项目承担、获奖情况等。

教学能力：教学评估、教学成果、课程质量等。

团队协作能力：团队协作、沟通交流等。

实验操作能力：实验技能、实验质量等。

管理能力：实验室管理、人员管理、预算管理等。

2. 评价方法

高校实验室人才队伍能力评价的方法应该根据实验室人才队伍的工作特点和实际情况进行制定，一般应该采用多种评价方法，例如综合评价、专家评审、自评互评等。具体的评价方法包括：

综合评价法：综合考虑实验室人才队伍的科研和教学能力、团队协作能力、实验操作能力、管理能力等方面进行综合评价，以评价实验室人才队伍的工作能力。

专家评审法：组织专家对实验室人才队伍的工作能力进行评审，以专家评审结果为依据进行能力评价。

自评互评法：实验室人才队伍进行自我评价和互相评价，从而对实验室人才队伍的工作能力进行评价。

3. 评价周期

高校实验室人才队伍能力评价周期应该根据实验室人才队伍的工作特点和实际情况进行制定，一般应该在一个学年或者一个科研项目周期结束后进行评价。实验室人才队伍的能力评价应该是一个周期性的过程，能够及时发现实验室人才队伍的工作表现和问题，为实验室人才队伍的持续发展提供及时的指导和帮助。

4. 评价结果应用

高校实验室人才队伍能力评价的结果应该是管理和服务实验室人才队伍的重要依据，其应该根据实验室人才队伍的评价结果进行调整和优化。评价结果应该用于指导实验室人才队伍的培养和管理，制订科研和教学发展计划，优化实验室人才队伍的结构，提高实验室人才队伍的绩效和素质。

同时，评价结果应该被广泛应用于高校实验室的奖惩、晋升和选拔等方面，为高校实验室人才队伍的选拔、培养和管理提供有力的支持。

5. 能力评价的重要性

高校实验室人才队伍能力评价是推动实验室管理和发展的重要手段，具有以下重要意义：

能力评价是实验室人才队伍管理的重要手段。通过能力评价，能够发现实验室人才队伍存在的问题和不足，制定改进措施，推动实验室人才队伍的发展。

能力评价是实验室人才队伍管理的重要依据。通过能力评价结果，能够制订科研和教学发展计划，优化实验室人才队伍的结构，提高实验室人才队伍的绩效和素质。

能力评价是激励实验室人才队伍的重要手段。通过能力评价结果，能够为实验室人才队伍的晋升和选拔提供重要依据，为实验室人才队伍的激励提供有力支持。

能力评价是促进实验室人才队伍发展的重要保障。通过能力评价，能够及时发现实验室人才队伍的工作表现和问题，为实验室人才队伍的持续发展提供及时的指导和帮助。

（三）素质评价

素质评价是对实验室人才队伍的思想道德素质、职业操守和团队合作精神等方面进行评价。高校实验室应该注重对实验室人才队伍的素质评价，通过多种方式加强对实验室人才队伍的教育和管理，提高实验室人才队伍的素质和职业操守。

1. 评价指标

高校实验室人才队伍素质评价的指标应该综合考虑实验室人才队伍的素质和能力，包括学术水平、教学水平、实践能力、创新能力、团队协作能力等方面。具体的指标包括：

学术水平：学术论文、专利成果、学术获奖情况等。

教学水平：教学评估、教学成果、课程质量等。

实践能力：实验技能、实验质量等。

创新能力：科研项目、专利申请、技术转化等。

团队协作能力：团队协作、沟通交流等。

2. 评价方法

高校实验室人才队伍素质评价的方法应该根据实验室人才队伍的工作特点和实际情况进行制定，一般应该采用多种评价方法，例如综合评价、专家评审、自评互评等。具体的评价方法包括：

综合评价法：综合考虑实验室人才队伍的学术水平、教学水平、实践能力、创新能力、团队协作能力等方面进行综合评价，以评价实验室人才队伍的素质和能力。

专家评审法：组织专家对实验室人才队伍的素质和能力进行评审，以专家评审结果为依据进行素质评价。

自评互评法：实验室人才队伍进行自我评价和互相评价，从而对实验室人才队伍的素质和能力进行评价。

3. 评价周期

高校实验室人才队伍素质评价周期应该根据实验室人才队伍的工作特点和实际情况进行制定，一般应该在一个学年或者一个科研项目周期结束后进行评价。实验室人才队伍的素质评价应该是一个周期性的过程，能够及时发现实验室人才队伍的工作表现和问题，并为实验室人才队伍的持续发展提供及时的指导和帮助。

4. 评价结果应用

高校实验室人才队伍素质评价的结果应该是管理和服务实验室人才队伍的重要依据，其应该根据实验室人才队伍的评价结果进行调整和优化。评价结果应该用于指导实验室人才队伍的培养和管理，制订科研和教学发展计划，优化实验室人才队伍的结构，提高实验室人才队伍的绩效和素质。

同时，评价结果应该被广泛应用于高校实验室的奖惩、晋升和选拔等方面，为高校实验室人才队伍的选拔、培养和管理提供有力的支持。

5. 素质评价的重要性

高校实验室人才队伍素质评价是推动实验室管理和发展的重要手段，具有以下重要意义：

素质评价是实验室人才队伍管理的重要手段。通过素质评价，能够发现实验室人才队伍存在的问题和不足，制定改进措施，推动实验室人才队伍的发展。

素质评价是实验室人才队伍管理的重要依据。通过素质评价结果，能够制订科研和教学发展计划，优化实验室人才队伍的结构，提高实验室人才队伍的绩效和素质。

素质评价是激励实验室人才队伍的重要手段。通过素质评价结果，能够为实验室人才队伍的晋升和选拔提供重要依据，为实验室人才队伍的激励提供有力支持。

素质评价是促进实验室人才队伍发展的重要保障。通过素质评价，能够及时发现实验室人才队伍的工作表现和问题，为实验室人才队伍的持续发展提供及时的指导和帮助。

（四）发展潜力评价

发展潜力评价是对实验室人才队伍的发展前景和潜力进行评价。高校实验室应该注重对实验室人才队伍的发展潜力评价，鼓励实验室人才队伍积极参与各类科研项目和教学活动，提高实验室人才队伍的科研和教学水平，提高实验室人才队伍的发展潜力和前景。

1. 发展潜力评价指标

高校实验室人才队伍发展潜力评价可以从以下指标入手：

（1）人才储备量

高校实验室的人才储备量是评价实验室人才队伍发展潜力的重要指标，也是实验室建设和管理的基础。高校实验室应该关注自身的人才储备量，尤其是关注是否具备一定数量的高层次人才、骨干教师、实验技术人员、实验室管理员等。

（2）人才结构

高校实验室人才结构是评价实验室人才队伍发展潜力的重要指标之一。高校实验室应该关注人才结构是否合理、多样化，特别是需要关注是否具备一定数量的青年人才、高层次人才等。

（3）人才培养机制

高校实验室人才培养机制是评价实验室人才队伍发展潜力的重要指标之一。高校实验室应该关注自身的人才培养机制是否完善，是否能够适应实验室的发展需求，是否能够培养出高质量、多元化的实验室人才。

（4）人才吸引力

高校实验室人才吸引力是评价实验室人才队伍发展潜力的重要指标之一。高校实验室应该关注自身的人才吸引力是否足够，是否能够吸引更多的高层次人才、青年人才等加入实验室人才队伍中来。

（5）实验室创新能力

高校实验室的创新能力是评价实验室人才队伍发展潜力的重要指标之一。高校实验室应该关注自身的实验室创新能力新能力，是否能够不断地创新出新的研究成果和技术，从而提高实验室的学术地位和知名度。

（6）团队协作能力

高校实验室的团队协作能力是评价实验室人才队伍发展潜力的重要指标之一。高校实验室应该关注实验室内部团队协作能力的提高，特别是关注实验室团队之间是否能够合作协调，提高实验室的整体实验能力和研究水平。

（7）管理和服务能力

高校实验室的管理和服务能力是评价实验室人才队伍发展潜力的重要指标之一。高校实验室应该关注实验室管理和服务水平的提高，特别是需要关注实验室管理和服务是否能够满足实验室发展的需要，是否能够为实验室人才队伍提供良好的工作和学习环境。

2.发展潜力评价方法

高校实验室人才队伍发展潜力评价可以采用多种方法，主要包括以下几种：

（1）文献资料分析法

通过收集和分析相关文献资料，了解高校实验室人才队伍的人才结构、培养机制、管理和服务水平等情况，从而对实验室人才队伍的发展潜力进行评价。

（2）问卷调查法

通过向高校实验室的相关人员发放问卷，收集实验室人才队伍的相关数据和信息，了解实验室内部的人才储备量、人才结构、人才培养机制、管理和服务水平等情况，从而对实验室人才队伍的发展潜力进行评价。

（3）专家访谈法

通过邀请相关专家对高校实验室的人才队伍进行访谈，了解实验室内部的人才结构、培养机制、管理和服务水平等情况，从而对实验室人才队伍的发展潜力进行评价。

（4）经验法

通过对高校实验室人才队伍的历史发展、现状和趋势进行综合分析，结合相关数据和信息，从经验上对实验室人才队伍的发展潜力进行评价。

以上方法可以单独或结合使用，通过定量和定性分析等手段对高校实验室人才队伍的发展潜力进行全面、科学的评价，为实验室的人才队伍建设提供科学的指导和决策依据。

3.实验室人才队伍发展潜力评价的意义

高校实验室人才队伍发展潜力评价对于实验室人才队伍建设和高校实验室的科学发展具有重要意义：

评价实验室人才队伍发展潜力，有助于制定科学的人才队伍建设方案，进一步提高实验室的学术水平和创新能力。

评价实验室人才队伍发展潜力，有助于优化实验室人才队伍结构，促进高校实验室人才队伍结构的合理化和进一步优化。

评价实验室人才队伍发展潜力，有助于加强实验室人才队伍的培养和管理，提高实验室的综合实验技术水平和管理水平。

评价实验室人才队伍发展潜力，有助于促进高校实验室与社会的合作，提高实验室的服务和应用能力，为高校和社会经济发展做出更大的贡献。

评价实验室人才队伍发展潜力，有助于提高实验室的知名度和竞争力，吸引更多的高层次人才加入实验室，进一步推动高校实验室的发展。

（五）反馈评价

反馈评价是对实验室人才队伍的工作情况和表现进行及时反馈和评价。高校实验室应该建立良好的反馈机制，及时反馈实验室人才队伍的工作表现和存在的问题，为实验室人才队伍的发展提供及时的指导和帮助。

1.高校实验室人才队伍反馈评价的重要性

高校实验室人才队伍反馈评价是评估实验室人才队伍管理效果和改进实验室人才队伍管理的关键环节。通过定期的反馈评价，可以帮助实验室管理者及时了解实验室人才队伍的工作表现、职业发展意愿、培养需求等方面的情况，及时发现问题并采取措施解决问题，从而提高实验室人才队伍的整体素质和竞争力，进一步推动实验室的发展。

具体来说，高校实验室人才队伍反馈评价的重要性主要体现在以下几个方面：

（1）了解实验室人才队伍的工作表现

通过高校实验室人才队伍反馈评价可以及时了解实验室人才队伍的工作表现，包括实验技术能力、研究成果、项目管理等方面，从而发现人才队伍存在的问题，并采取措施进行改进和提高，以提高实验室整体实验技术水平和管理水平。

（2）了解实验室人才队伍的培养需求

通过高校实验室人才队伍反馈评价可以了解实验室人才队伍的培养需求，包括学术研究和技能培训等方面，从而制订科学合理的培养计划，提高人才队伍的综合素质和发展潜力。

（3）了解实验室人才队伍的职业发展意愿

通过高校实验室人才队伍反馈评价可以了解实验室人才队伍的职业发展意愿和方向，从而为人才队伍提供更好的职业发展机会和条件，增强人才队伍的凝聚力和忠诚度。

（4）发现实验室人才队伍存在的问题并及时采取措施

通过高校实验室人才队伍反馈评价可以及时发现人才队伍存在的问题，包括工作态度、职业能力、职业发展意愿等方面，及时采取措施进行改进和提高，从而优化实验室人才队伍结构，提高人才队伍的整体素质和竞争力。

（5）提高实验室管理者对人才队伍的认知和理解

高校实验室人才队伍反馈评价可以帮助实验室管理者更深入地了解人才队伍的实际情况，从而根据实验室人才队伍的需求和特点制定更加科学和有效的管理策略和措施，提高实验室管理者的管理水平和能力。

2.高校实验室人才队伍反馈评价的实施

高校实验室人才队伍反馈评价的实施包括以下几个步骤：

（1）制定反馈评价方案

根据实验室人才队伍的特点和实际情况，制定反馈评价方案，包括评价指标、评价方式和评价周期等。

（2）收集反馈评价信息

通过各种方式收集反馈评价信息，包括问卷调查、个人面谈、工作记录等，全面了解实验室人才队伍的工作表现、培养需求、职业发展意愿等方面的情况。

（3）分析反馈评价信息

将收集到的反馈评价信息进行分析和汇总，找出实验室人才队伍存在的问题和优点，制定具体的改进措施和提高方案。

（4）实施改进措施和提高方案

根据分析结果，制定相应的改进措施和提高方案，并在实践中进行落实和推进，全面提升实验室人才队伍的素质和能力。

（5）监测和评估效果

在实施改进措施和提高方案的过程中，定期对实验室人才队伍进行监测和评估，了解改进效果和提高效果，并及时调整和完善改进措施和提高方案。

3.高校实验室人才队伍反馈评价的注意事项

在实施高校实验室人才队伍反馈评价的过程中，需要注意以下几个方面：

（1）确定评价指标的科学性和实用性

评价指标应该具有科学性和实用性，能够全面反映实验室人才队伍的工作表现和发展需求。评价指标的制定应该充分考虑实验室人才队伍的特点和实际情况，避免盲目跟风和照搬模板。

（2）保护个人隐私和信息安全

在收集反馈评价信息的过程中，需要保护个人隐私和信息安全，避免泄漏个人隐私和信息，同时也需要保证反馈评价信息的真实性和客观性。

（3）坚持公平公正的原则

反馈评价过程应该坚持公平公正的原则，不偏袒任何人，评价结果应该客观公正，避免主观性和个人偏见的影响。

（4）提高评价结果的可信度和有效性

评价结果的可信度和有效性对于实验室人才队伍的发展非常重要，因此在评价过程中需要注意提高评价结果的可信度和有效性，采取多种方式进行评价，并进行交叉验证和比较分析，以确保评价结果的真实性和准确性。

（5）注重反馈评价的实际应用

反馈评价的最终目的是实现实验室人才队伍的优化和提升，因此在实施过程中需要注重反馈评价的实际应用，将评价结果转化为具体的行动计划和措施，并在实践中进行落实和推进，确保评价的效果和价值。

总之，高校实验室人才队伍反馈评价是实现实验室人才队伍稳定和持续发展的重要手段，对于提高实验室人才队伍的整体素质和竞争力具有重要意义。在实施过程中需要充分发挥评价的作用，找出实验室人才队伍存在的问题和优点，制定具体的改进措施和提高方案，并注重实际应用和效果监测，不断提高实验室人才队伍的素质和能力。

二、高校实验室人才队伍的激励机制

高校实验室人才队伍的激励机制是提高人才队伍素质和发展潜力的重要手段，能够增强人才队伍的凝聚力和向心力，促进实验室的科学研究和教学工作。高校实验室人才队伍的激励机制应该从以下几个方面来考虑：

（一）薪酬激励

薪酬激励是激励人才队伍的主要方式之一。高校实验室可以通过调整薪资结构、实施绩效工资制度等方式，激励人才队伍的工作积极性和创造性。此外，实验室还可以提供额外的奖励和福利，如年终奖金、科研成果奖励、学术会议津贴、优秀员工保险、住房补贴等，以激励人才队伍的创新和发展。从薪酬设计、薪酬结构和薪酬管理三个方面来探讨高校实验室人才队伍的薪酬激励。

1.薪酬设计

高校实验室人才队伍的薪酬设计应该遵循公平、公正、科学的原则，根据人才队伍的工作性质和特点，制定相应的薪酬政策和标准。具体来说，需要考虑以下因素：

（1）岗位工作内容

不同岗位的工作内容和要求不同，应该根据岗位的工作特点和难易程度，制定相应的**薪酬标准**。

（2）员工职务和级别

员工的职务和级别直接关系到其工作责任和权利，也应该与薪酬水平挂钩。

（3）员工工作绩效

工作绩效是衡量员工工作表现的重要指标之一，应该根据员工的绩效水平，提供相应的薪酬激励。

（4）市场竞争力

实验室需要根据市场的需求和竞争情况，制定相应的薪酬标准，确保薪酬水平具有竞争力。

2.薪酬结构

高校实验室人才队伍的薪酬结构应该根据实验室的发展需要和人才队伍的特点，制定相应的薪酬结构，实现薪酬激励的科学合理和可持续性。具体来说，需要考虑以下因素：

（1）基本薪资

基本薪资是员工薪酬的基础，应该根据员工的工作岗位和水平制定相应的标准。

（2）绩效薪酬

绩效薪酬是对于员工工作表现的直接激励，应该根据员工的绩效水平，提供相应的奖励和激励。

（3）津贴和补贴

津贴和补贴是对于员工工作贡献的额外奖励，应该根据员工的工作特点和需要，制定相应的标准。

（4）福利待遇

福利待遇是对于员工生活质量的保障，也是对于员工的吸引力和激励，应该根据员工的需求和实验室的发展需要，提供相应的福利待遇。

3.薪酬管理

高校实验室人才队伍的薪酬管理应该建立科学、规范的管理机制，确保薪酬的发放和管理的公正和透明。具体来说，需要考虑以下因素：

（1）薪酬制度的完善

制定科学合理的薪酬制度，确保薪酬的公平和合理，避免薪酬不公和浪费的现象。

（2）薪酬发放的规范

建立规范的薪酬发放机制，确保薪酬的及时、准确发放，避免误发、漏发等问题。

（3）薪酬调整的公正

薪酬调整应该建立公正、公开的机制，避免薪酬歧视和不公。

（4）薪酬管理的监督和反馈

薪酬管理需要建立监督和反馈机制，确保薪酬发放和管理的透明和公正，同时也需要对于员工的反馈和建议进行认真分析和处理。

总之，高校实验室人才队伍的薪酬激励是保障实验室科学研究和教学工作不断提高的重要条件之一。实验室需要制定科学合理的薪酬政策和标准，建立规范的薪酬发放和管理机制，促进人才队伍的稳定和发展，实现实验室科学研究和教学工作的长期可持续发展。

（二）晋升激励

晋升激励是对于高校实验室人才队伍的职业发展提供支持的重要方式。实验室可以制定科学的晋升制度，对于表现突出的人才提供更多的职业发展机会和空间，如设置更多的职务层次、提供更多的职业晋升渠道等。下面从晋升机制、晋升标准、晋升程序、晋升奖励等方面，对于高校实验室人才队伍的晋升激励进行详细探讨。

1.晋升机制

高校实验室人才队伍的晋升应该建立科学、公正的机制，确保晋升的公平性和合理性。具体来说，需要考虑以下因素：

晋升途径：建立多元化的晋升途径，包括竞聘、考核、评选等方式，确保晋升途径公开透明。

晋升资格：制定明确的晋升资格标准，确保员工的晋升资格公正合理。

晋升评价：制定科学合理的晋升评价标准和程序，确保评价的公正和透明。

晋升审批：建立规范的晋升审批机制，确保晋升的合理性和公正性。

2. 晋升标准

高校实验室人才队伍的晋升应该建立科学、合理的标准，确保晋升的公平和合理。具体来说，需要考虑以下因素：

（1）工作业绩

工作业绩是衡量员工工作能力和绩效的重要标准，需要建立科学合理的工作业绩评价机制。

（2）学术水平

对于科研人员来说，学术水平是衡量其能力和贡献的重要标准，需要建立科学合理的学术水平评价机制。

（3）综合素质

员工的综合素质也是晋升的重要标准，包括团队合作能力、创新能力、管理能力等方面。

3. 晋升程序

高校实验室人才队伍的晋升应该建立科学、规范的程序，确保晋升的公正和透明。具体来说，需要考虑以下因素：

（1）晋升申请

员工可以通过递交晋升申请表格来申请晋升，同时需要提供相应的晋升资料和证明材料。

（2）晋升审查

晋升审查主要包括资格审查和评价审查两个环节。资格审查主要是对员工的晋升资格进行审查，包括晋升条件、晋升标准等方面；评价审查主要是对员工的绩效、学术水平和综合素质等方面进行评价。

（3）晋升决策

晋升决策主要是根据员工的绩效和资格审查情况，结合实验室的实际需要和预算情况，决定员工是否可以晋升，并确定晋升的职务和薪酬待遇等方面。

（4）晋升通知

晋升通知是晋升程序的最后一步，通知员工晋升结果，以及晋升后的工作职责和薪酬待遇等方面。

4. 晋升奖励

高校实验室人才队伍的晋升激励不仅包括职务和薪酬的提升，还包括其他的奖励。具体来说，需要考虑以下因素：

荣誉称号：为员工颁发荣誉称号，表彰其在工作和学术领域的杰出贡献。

职称评定：员工晋升后可以评定相应的职称，进一步提升员工的职业地位和薪酬待遇。

培训和发展：晋升后为员工提供相应的培训和发展机会，提升员工的工作能力和发展潜力。

其他奖励：例如奖金、旅游、福利等方面的奖励，激励员工的工作积极性和创新能力。

总之，高校实验室人才队伍的晋升激励是实现实验室人才队伍建设和科研教学工作长期稳定发展的重要手段之一。在晋升机制、晋升标准、晋升程序、晋升奖励等方面，需要建立科学、公正、合理的机制和标准，激励员工的工作积极性和创新能力，增强实验室的科研和教学实力。

（三）学术研究激励

学术研究激励是对于高校实验室人才队伍科研成果的鼓励和支持。实验室可以设置科研项目和基金，提供更多的研究资源和经费支持，鼓励人才队伍积极参加学术会议和发表论文，提高学术水平和学术声誉。以下是高校实验室学术研究激励的具体措施：

1.科研项目激励

科研项目是高校实验室的重要组成部分，也是提升实验室学术研究水平的重要手段。为了激励实验室人员积极参与科研项目，可以采取以下措施：

提供项目经费：提供足够的项目经费，确保实验室人员开展科研工作的基本需求。

奖励项目申报：对于成功申报科研项目的实验室人员，给予一定的奖励，鼓励其积极参与科研项目。

科研成果奖励：对于取得突出成果的实验室人员，给予一定的奖励和表彰，激励他们继续进行科研工作。

2.学术交流激励

学术交流是提高实验室学术研究水平的重要手段。为了激励实验室人员积极参与学术交流，可以采取以下措施：

提供经费支持：提供足够的经费支持实验室人员参加国内外学术会议、研讨会等学术交流活动。

鼓励发表论文：鼓励实验室人员在国内外重要学术刊物上发表高水平论文，为实验室和高校树立良好的学术声誉。

学术荣誉表彰：对于在学术界有重要贡献的实验室人员，给予学术荣誉的表彰，激励他们继续开展学术研究工作。

3.人才培养激励

人才培养是提高实验室学术研究水平的重要手段。为了激励实验室人员积极参与人才培养，可以采取以下措施：

提供培训机会：提供多种形式的技能培训、学术交流等机会，帮助实验室人员提升专业技能和学术水平，增强实验室的整体实力。

人才计划支持：鼓励实验室人员参加各类人才计划，如国家"千人计划"、国家杰出青年基金等，提供经费和政策支持。

优先推荐晋升：对于在人才培养方面取得突出成绩的实验室人员，给予优先晋升的机会，激励他们继续投身于人才培养工作。

4.实验室文化激励

实验室文化是实验室发展的内在驱动力，为了激励实验室人员积极投入实验室文化建设，可以采取以下措施：

建设良好的工作氛围：为实验室人员营造良好的工作氛围，让实验室成为一个有凝聚力的集体，激励实验室人员投身于实验室文化建设。

举办文化活动：举办多种形式的文化活动，如篮球比赛、文艺演出等，增强实验室人员的凝聚力和归属感。

表彰优秀文化建设者：对于在实验室文化建设方面做出突出贡献的实验室人员，给予表彰和奖励，激励更多人参与到实验室文化建设中来。

综上所述，高校实验室的学术研究激励是提高实验室学术研究水平和整体实力的重要手段。通过科研项目激励、学术交流激励、人才培养激励和实验室文化激励等措施，激励实验室人员积极投入学术研究和实验室文化建设中，不断提升实验室的学术声誉和整体实力。

（四）岗位培训激励

岗位培训激励是对于高校实验室人才队伍职业发展的重要支持。实验室可以制订科学的培训计划和机制，提供各类专业技能培训、管理培训、职业素质培训等，鼓励人才队伍不断学习和提高自身素质。为了激励实验室人员积极参与岗位培训，可以采取以下措施：

1.提供岗位培训机会

高校实验室可以提供不同类型、不同形式的岗位培训机会，例如参加相关培训课程、学习交流会等等，为实验室人员提供充分的学习机会，增强实验室整体实力。

2.经济激励

为鼓励实验室人员积极参与岗位培训，高校实验室可以采用经济激励措施，例如提供培训津贴、发放奖金等，以激励实验室人员积极参与岗位培训活动。

3.职称评定激励

高校实验室可以将岗位培训作为职称评定的重要参考依据之一，通过岗位培训成果的考核，为实验室人员提供获得职称的机会和激励。

4.研究项目激励

高校实验室可以为参加岗位培训的实验室人员提供研究项目的机会，例如作为主要研究人员或骨干研究人员参与国家或省部级项目，以激励实验室人员积极参与岗位培训活动。

5.评优评先激励

高校实验室可以将岗位培训作为评优评先的重要参考依据之一，通过岗位培训成果的评估和考核，为实验室人员提供获得荣誉和奖励的机会和激励。

综上所述，高校实验室人才队伍的岗位培训激励是提高实验室整体技能和素质的重要手段。通过提供岗位培训机会、经济激励、职称评定激励、研究项目激励和评优评先激励等措施，鼓励实验室人员积极参与岗位培训，提升实验室的整体实力和竞争力。

（五）经验分享激励

经验分享激励是对于高校实验室人才队伍知识共享和交流的重要推动力。实验室可以建立知识共享平台、专家咨询机制等，鼓励人才队伍分享和交流经验，促进实验室的创新和发展。以下是一些高校实验室人才队伍经验分享的激励措施：

1.成果分享激励

高校实验室可以定期举行内部成果分享会，鼓励实验室人员分享自己在实验室工作中的经验和成果。为了提高参与度，可以设置奖项或优惠政策，例如优先使用实验室设备、加薪或者提供更多发表论文的机会等，以激励实验室人员分享自己的经验和成果。

2.培训分享激励

高校实验室可以邀请实验室内部的骨干教师、实验技术人员等进行岗位培训，并要求他们在培训之后分享自己的学习心得和经验。对于分享者，可以给予相应的激励，例如奖金、职称晋升、岗位晋升等等。

3.学术分享激励

高校实验室可以定期邀请外部专家或实验室内部的骨干教师、实验技术人员等进行学术交流和经验分享。为了鼓励实验室人员积极参与，可以设置奖励或者优惠政策，例如参加学术交流的实验室人员可以享受学术交流费用报销、优先参与实验室项目等等。

4.团队分享激励

高校实验室可以设置团队分享的激励措施，例如集体发表论文、研发新技术等。为了激励团队分享，可以提供相应的奖励，例如集体奖金、集体旅游等等。

5.个人分享激励

高校实验室可以根据实验室人员的个人特长和兴趣爱好，鼓励个人分享。例如，对于喜欢写作的实验室人员可以鼓励他们分享自己的科普文章或实验室工作日记，对于喜欢影视制作的实验室人员可以鼓励他们制作实验室介绍视频。为了激励个人分享，可以提供相应的奖励，例如优先使用实验室设备、加薪等等。

第五章　新时期高校实验设备的管理

第一节　高校实验设备管理的内容

一、高校实验室设备的内容

一般而言，高校实验室设备包括以下几个方面：

（一）基础设备

高校实验室的基础设备是指实验室中最基本、最常用的仪器设备。这些设备是实验室日常工作的基础，是进行各种实验研究的基础保障。高校实验室的基础设备一般包括以下几类：

天平：是实验室中最基本的仪器设备之一，用于测量物质的质量。在实验室中，常用的天平有电子天平、机械天平等。

恒温器：是实验室中用于控制温度的设备。实验室中需要对样品、反应体系等进行温度控制时，就需要使用恒温器。

振荡器：是实验室中用于搅拌、混合、振荡等操作的设备。实验室中需要进行混合反应时，就需要使用振荡器。

离心机：是实验室中用于离心操作的设备，通常用于分离样品中的固体和液体，或分离不同密度的物质。

万能试验机：是实验室中用于测试材料机械性能的设备。通过万能试验机可以测试材料的拉伸强度、压缩强度、弯曲强度等性能指标。

pH 计：是实验室中用于测量溶液酸碱度的设备，通常用于测量各种溶液的酸碱度值。

除了以上常见的基础设备之外，实验室中还有许多其他的基础设备，如温度计、压力计、显微镜等。这些设备在实验室的日常工作中发挥着至关重要的作用，也是实验结果准确性的重要保障。

（二）专业设备

除了基础设备之外，高校实验室还需要根据不同专业的需求配备相应的专业设备，以满足教学、科研和实验的需求。高校实验室专业设备种类繁多，下面列举几个常见的实验室专业设备：

1. 光谱仪

作用：用于分析物质的光谱特性，例如吸收、发射、散射等。

原理：根据物质对不同波长的光的吸收或发射特性，通过测量光的强度变化来得知物质的组成、结构等信息。

2. 色谱仪

作用：用于分离和检测复杂混合物的分子结构和组分。

液相色谱仪原理：通过液相作为载体，利用不同化学物质在液相中的分配行为，实现物质的分离和检测。

气相色谱仪原理：利用气相作为载体，通过不同化学物质在气相中的分配行为，实现物质的分离和检测。

3. 分光光度计

作用：用于测量物质对电磁波的吸收或发射，以确定物质的成分和浓度。

原理：通过测量光的强度变化，根据比例关系推断物质浓度。

4. 核磁共振仪

作用：利用原子核的自旋产生的磁场来分析物质的结构和成分。

原理：核磁共振利用核自旋在外磁场中的取向来获取关于物质结构的信息。

5. 电子显微镜

作用：用于观察和研究物质的微观结构和形态。

原理：利用电子束取代光线，能够在更小的尺度上获得高分辨率的图像，揭示物质的微观结构。

6. 实时荧光定量 PCR（聚合酶链反应）仪

作用：用于测量 DNA/RNA 等核酸的数量和质量，以及用于微生物的检测。

原理：PCR 技术结合荧光探针，通过不断复制目标 DNA/RNA 片段，实时监测荧光信号来定量目标核酸。

7. 气体质谱仪

作用：用于分离、检测气体混合物中各种气体成分的含量和比例。

原理：将气体样品分离成各个组分，通过质谱仪测量不同质荷比的离子，从而确定气体的成分。

8. 电化学工作站

作用：用于测量化学反应的电学参数，如电势、电流、电导率等，以分析化学反应过程和反应产物。

原理：通过测量电化学信号，可以了解化学反应中电荷转移、电子传递等过程。

这些专业设备是实验室中非常重要的工具，可以满足各种实验和研究的需求。同时，这些设备的使用和维护也需要专业的技能和经验，实验室管理人员需要对这些设备进行维护和管理，以确保实验室设备的正常运行和实验结果的准确性。

（三）材料设备

除了基础设备和专业设备之外，高校实验室还需要使用各种材料设备来进行实验和研究。这些材料设备通常是针对特定实验或研究需要而设计和制造的。下面列举几个常见的实验室材料设备：

试剂和化学品：实验室中通常需要使用各种试剂和化学品，如酸、碱、盐等，以及各种有机和无机化合物。这些试剂和化学品需要按照一定的规范存储、使用和处理，以确保实验室的安全和对环境的保护。

玻璃器皿：玻璃器皿是实验室中常用的材料设备之一，如试管、烧杯、容量瓶、滴定管等。这些器皿的材质和形状通常与实验需要密切相关，需要按照规范进行清洗、消毒和保存。

塑料器皿：塑料器皿是实验室中另一种常用的材料设备，如移液器、离心管、培养皿、试剂瓶等。这些器皿通常具有防腐蚀、耐高温、耐压力等特性，也需要按照规范进行清洗、消毒和保存。

仪器附件和配件：在实验室中使用的仪器和设备通常需要配备各种附件和配件，如探头、传感器、管路、连接件等。这些附件和配件的质量和适用性对仪器的性能和实验结果影响很大，需要仔细选择和管理。

标准物质和参考样品：实验室中常用的标准物质和参考样品通常是为了确保实验结果的准确性和可比性而使用的，如纯净水、标准气体、标准溶液等。这些物质需要按照规范保存、管理和使用，以确保实验结果的准确性。

这些材料设备在实验室中都具有非常重要的作用，是实验室进行各种实验和研究所必需的基础。实验室管理人员需要对这些材料和设备进行统一的管理和保管，以确保实验室的正常运行和实验结果的准确性。

（四）信息设备

高校实验室信息设备是指在实验室中用于采集、处理、存储、传输和展示实验数据的各种设备和软件。随着科技的不断发展和实验要求的不断提高，实验室信息设备的作用日益重要。

1.实验室信息设备的种类

实验室信息设备的种类非常多样，以下列举几种常见的信息设备：

（1）计算机

计算机是实验室信息设备中最基本的设备之一。实验室中通常会配备一些台式计算机或笔记本电脑，用于进行数据采集、处理、分析和存储等工作。此外，还需要配备一些服务器和存储设备，以保证数据的安全和可靠性。

（2）数据采集设备

数据采集设备是实验室中用于采集实验数据的设备，如传感器、测量仪器、图像采集设备等。这些设备通常会将采集到的数据以数字化的方式传输到计算机中，以便进行后续的处理和分析。

（3）实验室信息管理系统

实验室信息管理系统是一种基于计算机和网络技术的信息管理软件。该系统通常包括实验室数据管理、实验室资源管理、实验室安全管理等多个模块，可以实现实验室的信息化管理和运营。

（4）多媒体设备

多媒体设备包括投影仪、显示器、音箱等，用于展示实验数据和进行实验室教学等工作。

2.实验室信息设备的应用

实验室信息设备的应用非常广泛，主要包括以下几个方面：

（1）数据采集和处理

实验室信息设备可以实现数据的自动化采集和处理，大大提高了实验数据的准确性和效率。通过计算机软件进行数据处理和分析，可以得到更加精确和全面的实验结果。

（2）实验教学

实验室信息设备可以用于实验教学的支持和辅助，如通过多媒体设备展示实验数据和实验过程，提高实验教学的效果和质量。

（3）实验数据管理

实验室信息设备可以实现对实验数据的管理和存储，保证数据的安全性和可靠性。同时，通过实验室信息管理系统可以实现对实验数据的快速查询和共享，提高了实验数据的利用效率。

（4）实验室管理

实验室信息设备可以用于实验室资源的管理和运营，如实验室使用情况的监控、设备的维护管理等。实验室信息管理系统可以帮助实验室管理员进行实验室资源的统一管理和调度，提高了实验室的效率和管理水平。

（5）科研和创新

实验室信息设备可以用于科研和创新的支持和促进，如通过计算机模拟实验等方式进行科学研究，或者通过实验室信息管理系统对科研项目进行管理和跟踪。

二、高校实验设备管理的内容分析

高校实验室的设备管理包括设备的选购、验收、使用、维护、保养、报废等环节。设备管理是实验室管理的重要组成部分，是保障实验室正常开展科研、教学工作的基础。

（一）设备选购

设备选购是实验室设备管理的起点。在进行设备选购时，需要充分考虑实验室的需求、科研发展方向以及经费预算等因素。选购的设备需要符合国家和地方相关规定和标准，满足实验室科研、教学的需求，并具有高性价比。

1. 根据实验目的选择设备

实验室设备的选择应该根据实验的目的和需要来进行。在实验的前期，需要进行实验目的的明确和实验要求的梳理，以便选择出合适的实验设备。以下是几个重要的方面：

（1）实验的类型

实验的类型是选择实验设备的基本依据。根据实验的类型选择适合的设备可以更好地满足实验需求，提高实验效率。

（2）实验的要求

实验的要求包括实验难度、精度、速度等，需要根据不同的要求选择不同的设备。例如，要求高精度的实验需要选择精度高的设备，而要求快速的实验则需要选择速度快的设备。

（3）实验的规模

实验的规模也是选择设备的一个重要因素。对于大规模实验，需要选择能够同时进行多项实验的大型设备，而对于小规模实验，则可以选择小型、便携式设备。

（4）实验的特殊要求

有些实验需要特殊的设备来满足特殊的要求。例如，高温实验需要选择能够承受高温的设备，而有些生物实验需要选择能够提供适宜的生长环境的设备。

（5）实验的预算

实验的预算也是选择设备的一个因素。需要根据实验的预算来选择适合的设备，同时还需要考虑设备的性价比，选择更加经济实用的设备。

总之，高校实验室根据实验目的选择设备是一个综合性的过程，需要考虑实验的类型、要求、规模、特殊要求和预算等因素。只有选择适合的设备才能更好地满足实验的需求，提高实验效率和实验质量。

2. 设备的性能和品质

实验室设备的性能和品质直接影响实验结果的准确性和可靠性。因此在选择设备时，需要注重设备的性能参数和品质，选择具有优秀性能和稳定品质的设备。以下是几个关于设备性能和品质的方面：

（1）精度和准确性

实验设备的精度和准确性直接影响实验的结果，因此需要选择具有高精度和高准确性的设备。例如，在物理实验中，需要选择能够提供高精度测量的仪器，以保证实验结果的准确性。

（2）稳定性和可靠性

实验设备的稳定性和可靠性也是至关重要的，尤其是对于长时间的实验，需要选择具有稳定性和可靠性的设备。例如，在生物实验中，需要选择稳定性高的培养箱和恒温器，以保证实验结果的可靠性。

（3）故障率和维修率

设备的故障率和维修率也是设备性能和品质的重要指标。需要选择故障率低、维修率低的设备，以减少实验的中断和维修成本。

（4）厂家信誉和服务

选择知名厂家的设备，不仅可以保证设备的性能和品质，而且可以获得更好的售后服务和技术支持。

（5）成本和性价比

实验设备的成本和性价比也是考虑的重要因素。需要根据实验的需求和预算选择性价比高的设备，以达到最好的实验效果。

总之，高校实验室设备的性能和品质对实验的结果、效率和准确性都有重要影响。需要根据实验需求选择具有高精度、高稳定性和可靠性、低故障率和维修率、厂家信誉好和服务好、性价比高的设备，以达到最佳的实验效果和经济效益。

3.设备的可靠性和安全性

实验室设备的可靠性和安全性是实验室运行的重要保障。需要选择具有高可靠性和安全性的设备，避免因设备故障或安全问题导致实验失败或意外伤害的发生。以下是几个关于设备可靠性和安全性的方面：

（1）设备选购和检验

在设备选购时，需要选择知名厂家、具有专业资质的供应商，遵循国家和行业相关标准进行选购和检验，确保设备的品质和性能符合要求。

（2）设备维护和保养

在设备使用过程中，需要进行定期维护和保养，保证设备的性能和功能不受影响，避免故障和事故发生。

（3）设备检测和校准

定期进行设备检测和校准，保证设备测量结果的准确性和可靠性。

（4）安全防护措施

在实验室使用设备时，需要严格遵守安全操作规程和标准，进行必要的安全防护措施，例如佩戴防护眼镜、手套、口罩等，避免因设备操作引发事故。

（5）应急预案

针对设备故障和事故发生的情况，需要制定相应的应急预案和措施，保证实验室人员的安全和对设备的保护。

总之，高校实验室设备的可靠性和安全性是保障实验室运行的重要因素，需要在设备选购、维护保养、检测校准、安全防护和应急预案等方面进行全面的考虑和实施，以确保实验室运行的安全和稳定。

4.设备的配置

实验室设备的配置需要根据实验的需要进行调整。需要考虑到设备的数量和种类、设备之间的互相配合和补充，以及设备的共享和重复利用等因素。

（1）根据实验室功能定位及教学目标，做出科学、合理的仪器设备配置规划

高校实验室种类繁多、功能多样。按传统功能划分，有公共基础课实验室、专业基础课实验室、专业课实验室、科研实验室以及应用开发型实验室等；从服务对象来看，可以分成本科教学、研究生教育、科学研究等类型。实验室功能定位及教学目标不同，仪器设备的配置亦有较大差异。要使实验室真正发挥作用，应通盘考虑实验室功能、服务对象、承担的教学任务等因素进行仪器设备配置。

仪器设备配置规划制定水平的高低，直接影响到仪器设备的投资效益。实验室仪器设备配置的基本原则是"重在实用、够用、好用，并适当超前"。"实用"就是新增仪器设备能充分地展示实验教学内容；"够用"就是新增仪器设备能满足正常实践教学的要求；"好用"就是仪器设备能清晰地展示相关教学内容，容易操作。为此，在制定仪器设备配置规划时应遵循如下原则：

紧跟科学技术的发展步伐，详细了解国内外相关仪器设备的使用现状和发展动向，从实际需求出发，根据实践教学任务的重要性、紧迫性以及投资经费量力而行，并要有一定的超前意识，但切忌盲目与盲从、贪大求洋求全，造成资源浪费。

与当前教育形势相适应，根据当前培养具有"四种能力"人才的要求，在投资经费许可条件下，应逐步增大综合性、设计性、创新性仪器设备的台（套）数，尽量让每个学生有动手操作的机会。

做好仪器设备的缜密调研工作，包括仪器设备的规格、性能、效率、价格等，可能完成哪些教学任务，可开展哪些新实验；多借鉴相关院校、学科及专业的仪器设备配置规划，吸取相关经验与教训，切忌购置前调研不充分而盲目购置，导致仪器设备不适用或配置不全。

制定配置规划时，要防止过度青睐精密化、大型化和集成化的高档实验仪器设备的倾向，要注重实验仪器设备的多样化配置。事实上，实验教学用具、演示仪器、简单仪器等也能充分、清晰地展示实验教学内容，完成实验教学任务、增强实验教学效果。适当配置一些虚拟实验仪器设备能在一定程度上减轻实验室建设经费投入不足的问题造成的影响。

在制定仪器设备配置规划时，应考虑使用人员、服务对象的稳定性等因素，切忌仅仅依据特定科研课题、应对教学评估或其他特定任务的需要而购置大型、贵重仪器设备，缺乏长远规划和统筹安排，从而造成经费投资的巨大浪费。

（2）对仪器设备配置规划进行科学论证，提高配置规划的可行性

解决仪器设备的重复购置及利用率低的行之有效的办法是在购置前对仪器设备配置规划进行充分的科学论证，做到有的放矢。对仪器设备配置规划进行科学论证最好采取三级论证程序：院系论证—部门审查—专家会审。

首先，各院系组织相关任课教师（包括实验教师和专业教师）、学术骨干、科学带头人等对配置规划进行充分讨论，从技术先进性、技术可靠性、可拓展性、共用性、适应性、持续性、投资效益等方面进行综合评价，提出可行性论证报告。然后，学校相关管理部门

要对各院系现有的仪器设备进行详细摸底并归类整理相关资料，结合学校发展的近期目标和长远规划，根据仪器设备使用的学科及专业情况，对所购的设备的必要性、实用性、预期利用率、管理人员素质及设备安装条件等进行可行性论证，重点对仪器设备的技术性能指标进行审查，使购置的仪器设备能满足教学、科研、学科专业发展的实际需要，同时，又要避免个别院系片面追求高、精、尖仪器设备，避免设备闲置不用或者重复购置，以保证仪器设备的利用率和使用效益。

其次，学校可成立一个由高校、企业、研究所的专家及学者组成的专家小组，对仪器设备配置的可行性报告进行最终论证，提出合理化的建议并形成最终论证报告，使仪器设备的配置合理、投资优化且避免教育资源的浪费。要维护三级论证通过的可行性论证报告的权威性，并加大其执行力度，反对"家长意识"（如领导随意改变）。

（3）加强仪器设备的有效管理，实现资源共享

由于实验室之间相互封闭、相互之间交流较少，再加上"谁买谁管，谁管谁用"传统的、惯性的意识在作祟，许多单位、部门及工作人员不清楚仪器设备的分布状况，不知道谁、怎样、在哪里共享自己、他人的仪器设备。缺乏畅通的共享信息渠道，导致一些仪器设备，尤其是大型、贵重仪器设备闲置，从而造成资源浪费。要实现实验仪器设备共享，建立并实行有效的仪器设备管理机制是必要措施。

要打破实验室和实验设备的分割管理模式，将目前高校实验室的校、系、室三级管理模式改革为校、院（系）两级管理模式，行政上隶属于学校职能管理部门，业务上置于院（系）领导之下。学校职能管理部门可以将大型、贵重仪器设备，以及利用率低但共用性较强的仪器设备收归校中心实验室进行统一管理，面向全校师生开放，从而打破学校内部壁垒，实现资源共享。

加强仪器设备的信息化、网络化管理，促进共享信息渠道的畅通。将具有开放功能和开放能力的仪器设备，特别是大型仪器设备进行网络信息化管理，将主要功能、性能指标在网上公布，增加开放服务机会，以提高仪器设备的使用效益。

撤小并大、建立中心实验室，实现实验资源的归类集中管理。学校要整合学科专业、统一课程安排；院系间通过联合、合并或共建实验室，聘任专职中心实验室主任、对仪器设备实行集中管理、统筹配置、统一调配是实现资源共享的一种很好的模式；对于一些长时间闲置的仪器设备，可以在校际间、院系间进行调剂，或进行有偿租借，从而使设备投资效益最大化。

开放实验室，实行有偿服务，提高仪器设备的利用率和投资效益。实验室要实行对外开放，让社会有偿使用这些仪器设备，将实验室变成学校与社会的纽带，加强与外界的学术交流；实验室还要承担起为地方经济、社会发展服务，为当地培训工程技术人员服务的功能。在校内也应实行大型仪器设备有偿占用制度，利用市场经济规律和经济手段来强化管理，促进大型仪器设备的开发利用。

（4）对实验室仪器设备配置的效果

要实行"投资效益"评估。目前高校的仪器设备购置经费大部分是国家或地方财政无偿拨款，使用单位不用承担任何经济责任，学校对仪器设备的使用缺乏有效约束机制，没有把设备使用效益与单位利益挂起钩来，重买轻用，因此，出现了争经费、争设备、轻管理的现象。为使设备经费投入的产出最大化、提高办学经济效益，除了完善管理外，还必须对实验室仪器设备配置的效果进行合理、科学的投资效益评估，评估取得预期的办学经济效益和社会效益。

评估质量会直接影响到实验室的建设、实验教学的质量和科研的成果。教育部先后出台了"双基"实验评估、重点实验室评估等措施，目的是"以评促建、以评促管、以评促改、以评促用"，促进高校实验室建设的健康和良性发展。投资效益评估不仅能有效提高实验教学质量，而且能充分调动实验教师的工作积极性，并能从宏观上实现对实验资源的优化配置与共享，促进科教事业的进一步发展。

"投资效益"的考评内容以使用学时、服务对象类型、服务人数、服务年限、创造经济效益等为分子，而以仪器设备价值、维护保养费用、管理成本、使用成本等为分母，两者的比值越大，则表明"投资效益"越好。每年，高校管理部门应根据本校具体情况，将上述各项按轻重权值进行累计计算，组织专家组进行评估，并将评估结果在全校公布。对"投资效益"好的单位和个人给予表彰和奖励，对"投资效益"差的设备及单位给予通报曝光，指出问题及产生原因，限期进行整改。这样一来，不仅加强了实验室的规范化管理，建立和健全了仪器设备的检查、考核制度，明确了仪器设备管理人员的责任，也提高了仪器设备配置规划的合理性，促进了高校实验教学资源的共享。

（二）设备验收

设备验收是保证设备质量的重要环节。设备验收包括验收前的准备工作、验收过程中的检查和测试、验收结果的评定等步骤。高校实验室设备的验收应该遵循以下原则：

1. 确定验收标准

在验收前需要明确设备的技术要求和验收标准，以便对设备进行有效的测试和检测。

2. 验收机构

确定验收机构，一般由高校实验室管理人员、技术人员和设备供应商共同组成验收小组，负责验收过程中的技术和管理问题。

3. 验收流程

验收应按照流程进行，包括验收准备、实验操作、数据分析和结论判定等步骤。

4. 检查设备的完好性和稳定性

对设备进行完整性检查，确认设备的所有零部件齐全无缺，电气接线正常；同时进行稳定性检查，验证设备在长时间运转中的性能稳定性。

5. 进行性能测试

根据验收标准对设备进行性能测试，测试数据应该真实可靠，并符合国家相关标准。

6.根据测试结果判定验收结论

根据测试结果,对设备进行结论判定,包括验收通过和不通过两种情况。对于验收不通过的设备,需要及时反馈给供应商,进行维修或更换。

7.建立验收记录

对验收过程中的数据和结论进行记录,建立设备档案,以备后续的维护和管理。

在实验室设备的验收过程中,应该注意保持公正、客观的态度,不应受任何外界因素的影响,保证验收结果的可靠性和科学性。同时,高校实验室管理人员和技术人员应该及时更新验收标准和流程,以保证实验室设备管理的不断完善和提高。

(三)设备使用

设备使用应符合安全操作规程和相关规定,保证设备的正常运转和使用寿命。对于高价值的设备,应当建立使用登记和使用计划,以便进行管理和跟踪。在使用设备时,应注意设备的保养和维护,以延长设备寿命。

1.设备操作规程

设备操作规程是使用设备前必须掌握的基本内容,它是确保设备正常使用的前提。一份完善的设备操作规程应该包括以下内容:第一,设备名称和型号;第二,设备操作方法和流程;第三,设备维护和保养方法;第四,常见故障处理方法;第五,设备安全使用须知。

2.设备使用记录

设备使用记录是指对每台设备的使用情况进行记录,包括设备的使用时间、使用人员、使用情况等信息。通过设备使用记录的建立和维护,可以及时发现设备问题,并提高设备使用效率。同时,设备使用记录也是评估设备使用效果和维护成本的依据之一。

3.设备维护保养

设备维护保养是设备正常运行的重要保障。高校实验室设备的维护保养应该按照设备操作规程和设备维护手册进行。常规的设备维护包括日常清洁、定期保养和故障排除等。此外,定期对设备进行检查和维修,及时更换老化或损坏的零部件,也是保证设备长期正常运行的重要环节。

4.设备安全使用

设备安全使用是高校实验室设备使用的首要问题。设备的安全使用不仅关系到使用人员的人身安全,还涉及实验室设备的正常运行和维护。设备安全使用应该从这几个方面进行:第一,设备操作规程的制定和培训;第二,设备操作人员的安全防护措施;第三,设备使用过程中的注意事项;第四,设备故障处理和应急措施。

5.设备更新换代

设备更新换代是保证实验室设备处于科技前沿的重要环节。随着科技的不断进步和实验室需求的变化,一些老旧的设备已经不能满足实验室的需求。因此,实验室管理者应该及时关注实验室设备的更新换代,定期进行设备的更新和淘汰。

6.设备的使用流程

高校实验室设备的使用也需要遵循一定的规范和流程。首先，在使用设备前，必须进行安全检查，确保设备处于正常的使用状态。其次，在设备的使用过程中，必须按照使用说明书和操作流程进行操作，不能擅自修改或调整设备的参数和设置。同时，在使用过程中要注意设备的保养和维护，及时清理设备、更换易损件和进行定期维护，确保设备的正常运转并延长使用寿命。

对于一些特殊的设备或实验，还需要进行安全防护和应急措施。例如，对于涉及有毒、有害或易燃易爆物质的实验，必须在安全柜或安全间内进行操作，并且要做好应急处置措施，防止发生意外事故。对于高压、高温、高功率等设备或实验，也需要注意安全防护和控制风险。

此外，高校实验室设备的使用还需要遵循一定的预约和排队制度，确保设备的公平使用和高效利用。对于一些需要长时间连续使用或需求量较大的设备，需要提前预约和排队使用，避免因为使用冲突而影响实验的进行。

总的来说，高校实验室设备的使用需要遵循科学、规范、安全、高效的原则，确保设备的正常运行和高效利用。同时，也需要加强设备的维护保养和更新换代，提升实验室设备的整体水平。

（四）设备维护与保养

设备维护和保养是保证设备正常运转和延长使用寿命的重要保障措施。设备维护包括设备的定期检查、维修、保养等环节。设备保养应按照设备保养计划进行，保养内容应包括设备的清洁、润滑、调整、紧固、更换易损件等。

1.设备的维护

高校实验室设备的维护是保证实验室正常运转和实验数据准确性的重要环节，包括设备的定期检查和维修等环节。以下是详细的介绍：

（1）设备的定期检查

设备的定期检查是保证设备正常运转和数据准确性的重要环节。对于常用设备，应该建立定期检查制度，对设备进行定期检查，确保设备处于正常工作状态。定期检查的内容包括：

设备的外观检查，包括检查设备的表面是否有损坏、腐蚀、变形等情况，检查设备的接口是否松动、生锈等。

设备的功能检查，包括检查设备的各项功能是否正常，如温度、压力、速度等参数是否稳定，设备的电路是否正常等。

设备的安全检查，包括检查设备的安全阀、自动断电开关等安全装置是否正常。

（2）设备的维修

设备的维修是保证设备正常运转的关键环节。设备出现故障时，应该及时进行维修，避免故障扩大化和设备的损坏。设备维修应该按照设备的维修手册进行，包括以下环节：

故障的确认和分析，包括确定故障的性质、范围和原因，分析故障发生的原因，制定维修方案。

维修的实施，包括拆卸、清洗、更换、调整等环节，按照设备维修手册的要求进行。

维修后的检验和试运行，包括对维修后的设备进行检验和试运行，确保设备的正常运转和数据的准确性。

2.设备的保养

设备的保养是保证设备长期稳定运转的重要环节。设备保养应该按照设备保养手册进行，包括以下环节：

（1）设备的清洁

设备的清洁是设备保养的基本内容，它能有效地保持设备的正常运行、延长设备的使用寿命、提高设备的工作效率。设备的清洁应该包括表面的清洗和内部的清洗。表面的清洗主要是指设备外部表面的清洁，主要是为了保持设备的美观和防止设备表面污染、氧化等。内部的清洗主要是指对设备内部零部件的清洁，主要是为了防止设备内部积累的污垢、油脂等对设备的正常运行造成影响。

（2）设备的润滑

设备的润滑是设备保养的另一重要内容，主要是为了减少设备的磨损、减少设备的摩擦、降低设备的温度、防止设备生锈等。设备的润滑主要有干润滑和湿润滑两种方式，干润滑主要是指在设备的表面或者接触面上加涂一层固体润滑剂，起到减少磨损的作用；湿润滑主要是指在设备内部零部件上涂抹或注入润滑油，以减少摩擦、降低温度。

（3）设备的调整

设备的调整是设备保养的又一重要环节，它主要是指对设备的各项参数进行检查、调整，以保证设备的正常运行和使用寿命。设备的调整应该包括设备的机械调整和电气调整两个方面。机械调整主要是针对设备的机械部件进行调整，如调整设备的位置、调整传动部件的松紧度、调整设备的精度等；电气调整主要是针对设备的电气部件进行调整，如调整设备的电压、电流、频率等。

（4）设备更换易损件

在设备保养中，更换易损件也是必不可少的一项工作。易损件是指那些在设备使用过程中容易磨损或损坏的部件，例如皮带、滤芯、灯泡等。定期更换这些易损件可以延长设备的使用寿命，减少设备故障的发生。

总之，实验室设备保养是实验室管理的重要一环，对于延长设备的使用寿命、提高设备的稳定性、减少设备故障具有重要意义。在实验室设备保养过程中，需要注意设备的清洁、润滑、调整、更换易损件等环节，同时需要定期进行维护和检修，及时解决设备的问题，以保证设备的正常运转。

（五）设备报废

设备报废是设备管理的结束环节，应严格按照国家和地方相关规定和标准进行处理。

对于超过设备寿命、无法修复的设备，应按照相关规定进行报废处理。报废的设备应进行清点、核实和安全处理，同时应建立设备档案，记录设备的使用情况、维修记录和报废处理情况。设备的报废处理一般包括以下几个方面：

1. 制定报废标准和程序

高校实验室应该根据设备的使用寿命、技术性能和安全等因素，制定相应的报废标准和程序。同时，还需要明确报废的流程和责任，确保报废的过程合法、公正、透明。

2. 进行设备清理和处置

在设备报废之前，需要对设备进行清理和处置。清理包括将设备内部和外部的残留物、污垢等清理干净，以便于后续的处置。处置方式可以包括将设备出售、回收、捐赠或者拆卸、销毁等方式，具体应根据设备的实际情况和报废标准进行选择。

3. 进行资产处置

设备报废后，还需要对其进行资产处置，包括对其进行清查、评估、决策和记录等过程。资产处置应该遵循合法、公正、透明的原则，确保处置结果符合相关法律法规和规章制度。

4. 实施环境保护措施

在设备报废的过程中，还需要实施环境保护措施，防止对环境造成污染和危害。例如，在销毁设备时需要采取安全措施，防止有毒、有害物质污染环境；在回收设备时需要对设备进行分类和处理，防止废弃设备成为环境污染源。

三、实验室设备管理的重要性

实验室是高校教师开展科研和教学工作的重要场地，是推动学校科研水平和教学水平的关键。学生进入大学学习，除了理论知识的学习，还涉及实践经验的获得，毕竟大学是学生进入社会的最后一个阶段。学生学习知识并不仅仅是为了丰富自己的知识储备，还要将知识应用在实践中，实验室就是学生将理论和实践结合的地方，因此，实验室设备的管理就显得非常重要。

（一）提高学生的实践能力

"读万卷书不如行万里路"，学习是一个漫长的过程，从小学开始一直到大学，学生处于一个不断接受新知识的过程中，最终进入社会，将自己的所学应用于工作中，推动社会的发展。在学习的过程中，理论知识是作为行动的指导而存在的，学生要将丰富的理论知识应用于实践才能够真正适应未来工作的需求。但是，当前存在许多毕业生无法适应工作的现象，很重要的原因就是毕业生不能有效地将自己的理论知识应用到实际工作中，学校在教育教学过程中过分注重理论知识而忽视实践教学，这就使得学生空有理论知识，实践能力却极其低下。实验室是提高学生实践能力的关键，尤其是理工科类的学生，他们在学习的过程中，需要通过大量的实验来验证相关的知识。

大学是学生学习专业知识的关键阶段，学生毕业后在社会上能够做什么样的工作，和学校的教育有着必然的联系，理工科知识的学习除了课本上的理论外，还涉及大量的实验，实验能够让学生将理论和实践结合，也是对实际操作的熟悉，更是对他们实践能力的锻炼，这对他们日后的工作是十分必要的。比如医学专业的学习，需要学生通过大量的解剖实验锻炼自己的解剖能力，也进一步对人体有深刻的认识，为以后做一名合格的医生打下良好的基础；化学专业的学习则需要学生通过大量的实验了解不同试剂的不同反应；物理专业的学习则需要学生通过对高精度实验设备的操作锻炼实践操作能力。

（二）提高学校的科研水平

高校的发展离不开科研水平的提高，而想要提高科研水平，教师队伍的建设是必不可少的。对于理工科来说，提高科研水平的重要手段就是使用实验室设备，教师需要通过大量的实验来验证各种假设，以得到最新、最完整的数据，推动一个个项目的发展，为学校科研水平的提高发挥自己的作用。在这个过程中，实验室设备的管理显得非常重要，教师想要得到完整且良好的数据，设备的正常运行是十分必要的。

（三）维护正常教学秩序

高校学生不仅需要学习大量的理论知识，而且还要掌握专业技能知识，为适应未来的工作以及科研发展奠定良好的基础。在专业技能知识的学习上，学生需要操作实验室设备提高自己。学生在实验室学习的过程中，对实验室的设备接触较多，一旦设备出现故障，轻则导致数据不准确，重则会损害学校财产，威胁到人身安全，尤其是化学类实验，试剂管理的不规范很容易导致实验事故，影响师生安全。农学专业的学生需要通过对农作物生长的记载和关注，对自己实验过程和结果进行论证，但现实中由于一些人缺乏相关的认知，随意践踏实验田地，甚至盗取相关的成果，导致学生的实验无法继续，实验成果无法获得，正常的教学秩序自然也就无法保证。因此，做好实验室设备的管理，对维护正常的教学秩序发挥着十分重要的作用。

第二节　高校实验设备管理的现状分析

做好实验室设备的管理对高校的科研工作以及教学工作的开展有着十分重要的意义，也是提高高校科研能力的关键。但是，当前高校实验室设备的管理还存在诸多问题，给教学和科研都带来极大的负面影响。

一、经费投入不足

高校实验室设备多数需要大量资金投入，而现实情况下，高校经费有限，无法保证对实验设备的投入。

首先，有些高校对实验室设备经费的投入不足。由于实验室设备的价格较高，需要耗费大量的资金进行购买和维护。然而，有些高校对实验室设备经费的投入不足，导致设备的更新和维护难以跟上科技的发展和实验室的教学和科研需求。

其次，有些高校对实验室设备的经费管理不够规范。在设备经费的使用和管理方面，有些高校缺乏明确的管理制度和流程，容易导致设备经费的浪费和滥用。

再次，一些高校存在着"重器轻人"的问题。高校注重实验室设备的购买和更新，但是在实验室人才队伍建设上的经费投入却不足，导致实验室设备的使用率不高或者无法充分发挥其作用。

最后，一些高校存在着设备选型不合理的问题。在实验室设备的购买过程中，有些高校可能会受到经费限制、流程复杂等因素的影响，导致设备的选型不合理，不能满足实验室的需求，甚至出现设备闲置的情况。

综上所述，高校实验室设备经费投入问题需要引起足够的重视。高校应加强对实验室设备经费的管理和规范，制订科学的经费预算和使用计划，合理配置实验室设备，并加强实验室人才队伍的建设和培养，保证实验室设备的正常使用并充分发挥作用。

二、购买设备的过程不够透明

购买实验设备的过程不够透明，存在一些不规范的操作，例如以低价购买低质量设备，或者设备被个别人员私自购买等情况。

首先，高校实验室购买设备的预算来源不够透明。很多时候，实验室的经费来源并不明确，可能来自各种渠道，包括学校预算、科研项目经费、企业合作等，这就导致了预算来源不明确，难以公开透明。如果预算来源不明确，就很难保证实验室购买设备的公平性和合理性。

其次，高校实验室在购买设备时缺乏透明的招标和竞争机制。很多高校实验室在购买设备时，可能只是通过少数几个渠道获取供应商信息，缺乏充分的市场调研和竞争，导致了购买过程不够透明，也影响了设备的性价比。而如果实验室能够建立透明的招标和竞争机制，就可以吸引更多的供应商参与竞争，确保实验室能够购买到合适的设备。

此外，高校实验室在购买设备时也存在着资金使用不透明的问题。很多时候，实验室在购买设备时可能存在一些"隐性消费"，如非必要的加装配件、不合理的维护费用等，这些费用可能并不会在预算中明确体现，导致资金使用不透明，也容易引发财务管理问题。

三、设备维修保养不及时

由于维修保养人员数量不足、工作繁忙、管理混乱等原因，实验设备的维修保养存在不及时的情况，导致设备的损坏和使用寿命的降低。

（一）维修保养人员数量不足

高校实验室设备的维修保养需要一支专业的维修保养队伍，但在许多高校实验室中，由于专业技术人才数量不足，导致维修保养人员数量不足，无法满足设备维修保养的需要。在这种情况下，一些设备出现了故障、性能下降等问题，甚至出现了设备无法使用的情况。

同时，由于维修保养人员数量不足，设备的维修保养周期也会受到影响，从而导致设备的寿命缩短、使用效果下降。

（二）保养人员工作繁忙

在一些高校实验室中，由于设备的数量和种类繁多，以及使用频率高，导致维修保养人员的工作量非常大。他们需要及时处理设备故障，定期进行设备维修保养、清洁、润滑、调整、紧固、更换易损件等工作，这些工作需要投入大量的时间和精力。但是，由于人力资源有限，一些维修保养工作无法及时得到处理，从而影响了设备的正常使用。

（三）管理混乱

在一些高校实验室中，由于管理混乱，设备维修保养的工作难以得到有效的协调和安排。例如，一些实验室没有制订完善的设备维修保养计划，没有设立专门的设备维修保养部门，甚至没有进行设备维修保养人员的专业培训和考核。这种管理的混乱会导致设备的维修保养工作无法得到及时、有效的处理，从而影响了设备的使用效果。

四、设备使用缺乏规范

一些实验设备的使用规范并不清晰，有些实验员工作中也存在操作不规范、不按要求操作等情况，增加了设备的损坏和使用寿命的降低的风险。

（一）操作不规范

在实验室中，由于时间紧迫、任务繁重等原因，一些工作人员常常存在草率从事、违反操作规程的情况。实验室设备操作不规范的表现主要有以下几个方面：

1. 不戴手套

实验室操作中，许多试剂和化学品都有毒性、腐蚀性、刺激性等危险性，如果不戴手套操作，可能会对操作人员的手部皮肤造成伤害，严重的甚至会危及健康。因此，在操作实验室设备时，戴手套是必须的。

2. 不戴护目镜

实验室中使用的化学试剂和物质经常有毒性、腐蚀性和刺激性等危险性，不戴护目镜可能会造成眼部伤害，因此，在操作实验室设备时，戴护目镜也是必须的。

3. 操作时不按照标准程序进行

实验室设备的操作程序一般都是非常规范化的，但在实际操作过程中，一些人可能会因为疏忽或者其他原因不按照标准程序进行操作，这可能会导致实验失败或者数据的不准确。

4. 未经过培训操作

实验室设备的操作是需要一定的技能和知识储备的，但有些操作人员可能并没有经过专业的培训，就直接开始操作设备，这会影响实验的准确性和可靠性。

以上这些情况都会影响实验的结果，造成浪费和损失。因此，高校实验室管理者应该加强对实验室设备的操作培训和规范，使所有的操作人员都能够掌握正确的操作技能和知识，避免因为操作不规范而产生的不必要的风险和损失。

（二）设备共用不当

实验室中的设备需要共用，但是在使用时不少人往往不能正确地维护和保养设备，例如在使用设备后没有及时清洁和整理，导致设备的寿命缩短。

首先，实验室设备共用不当是造成实验室设备使用寿命缩短的主要原因之一。实验室设备的共用在一定程度上可以提高设备的利用率，但是如果使用不当，则会导致设备损坏加剧、使用寿命缩短等问题。在实验室设备共用的过程中，使用设备后没有及时清洁和整理，导致设备表面积聚尘土、污垢，甚至设备内部也存在污垢和异物。这样会严重影响设备的正常运行和使用寿命。因此，实验室应当建立设备共用管理制度，明确设备的使用范围、使用次数以及设备的维护保养等事宜，对设备共用过程中的各项管理工作进行规范化，保障设备的正常使用和延长设备寿命。

其次，实验室设备操作不规范也是造成设备使用寿命缩短的主要原因之一。在实验室设备的使用过程中，如果操作不规范，则会导致设备的损坏和故障加剧，从而使设备的使用寿命缩短。例如，在使用实验室设备时，有些操作人员可能会忽略戴手套、戴护目镜等安全措施，使得实验室设备在使用过程中受到损坏。此外，有些操作人员可能没有对设备进行适当的保养和维护，也会导致设备寿命的缩短。因此，实验室应当制定操作规范，加强安全教育和操作培训，提高操作人员的安全意识和操作技能，减少实验室设备的损坏和故障。

因此，高校实验室应当制定相关规定，要求使用设备的人在使用后必须清洁设备，并将设备恢复到正常的状态，以确保设备能够正常工作，寿命得以延长。同时，还应当制定相关的管理制度，规范设备的操作流程，以确保设备的正常运行并延长使用寿命。

（三）责任不明确

在实验室中，有时候对于设备的责任不明确，例如在使用设备时出现故障，由于责任不明确，难以追究责任，导致一些人对设备的维护和保养不够重视。

一方面，高校实验室设备的使用涉及多个环节，包括设备购置、设备验收、设备保养、设备维修等，而这些环节中涉及的责任人员不同，且责任界定不够明确，因此出现了责任不明确的情况。

另一方面，在高校实验室设备的使用中往往需要多个人员共同操作，例如，实验中需要进行的操作可能需要实验员、技术员、教师等人员参与。但是，如果实验人员对自己的职责不够清晰，或者责任分配不明确，就可能在出现设备故障、损坏等问题时，难以确定责任人。

在实验室设备管理责任不明确的情况下，会带来以下问题：

设备管理混乱。由于责任不明确，设备管理往往缺乏有效的协调和统筹，很难形成有效的管理体系，进而导致设备管理混乱。

设备寿命缩短。在责任不明确的情况下，维修保养、更新换代等环节可能会受到忽视，导致设备的使用寿命缩短。

经费浪费。设备损坏或出现故障时，在责任不明确的情况下可能存在多个部门或人员同时对设备进行维修保养等操作，造成了资源和经费的浪费。

四、设备更新换代不及时

高校实验室的设备更新换代是保障实验教学和科研的重要方面。然而，由于经费限制等原因，很多高校实验室的设备更新换代速度缓慢，已经达到或超过使用年限的设备仍在使用，导致设备性能下降，使用效率降低，对实验教学和科研产生了不利影响。

首先，经费限制是导致设备更新换代不及时的主要原因之一。很多高校实验室都面临经费紧缺的问题，无法进行大规模的设备更新换代。这可能导致一些设备被长期使用，性能降低，无法满足实验教学和科研的需要。

其次，设备更新换代涉及技术、管理、政策等多个方面的问题，需要专业人员进行调研、规划、采购、安装等工作。由于相关人员数量不足，工作量大，有时候会出现进度缓慢的情况，从而导致设备更新换代的速度受到影响。

最后，一些高校在设备更新换代方面的管理不够严格，对设备使用情况的监督不够，未能及时发现设备问题和需求，也未能及时采取措施。因此，在设备更新换代方面需要加强管理，做好设备的监督和维护工作，及时发现设备问题和需求，采取有效措施。

综上所述，高校实验室设备更新换代不及时的问题主要是经费限制、相关人员数量不足以及管理不够严格等原因所导致的。因此，需要通过加大经费投入、加强人员培训和管理、完善管理制度等多种措施来加以解决，确保高校实验室设备的更新换代得到有效的保障和推进。

五、设备的安全问题

实验室设备的安全问题也是需要高度关注的问题，尤其是一些大型设备的安全使用需要注意，例如注意电气安全、防止短路等。

（一）电气安全问题

电气安全问题是实验室设备安全问题中的重要方面之一。在实验室中，使用的许多设备都需要电源，因此必须采取措施确保电气安全。以下是几种可能存在的电气安全问题：

不合格电源线：使用不合格的电源线可能会引起电气短路、发生火灾等安全问题。

电线接头松动：电线接头的松动可能会导致电气短路、发生火灾等安全问题。

电气设备接地不良：如果电气设备的接地不良，可能会造成电击、火灾等危险。

过载电源线：过载电源线可能会引起电线过热，甚至引起火灾。

针对这些问题，实验室管理者应该加强电气设备的管理和维护，定期检查电线和插头是否松动或者老化，保持设备接地良好，防止过载和短路等问题。

（二）机械安全问题

机械安全问题也是实验室设备安全问题中的一个重要方面。在实验室中，常常使用各种机械设备，如离心机、振荡器、高压灭菌器等，这些设备都存在机械安全隐患，如下：

设备损坏：如果设备存在损坏或磨损，可能会造成设备故障或意外伤害。

设备过载：过载使用设备会造成设备故障或意外伤害。

未按照操作规程使用设备：在使用设备时，如果没有按照操作规程使用设备，可能会引起设备损坏或者人员伤害。

设备未维护保养：如果设备未定期维护和保养，可能会导致设备出现问题，进而造成设备故障或意外伤害。

为了保证实验室设备的机械安全，应该加强设备维护保养，定期检查设备的机械结构和紧固件的状况，确保设备正常运转。此外，还需要保证操作人员有足够的知识，能够正确、安全地使用设备。

六、设备管理人员不足

高校实验室设备管理人员数量不足是实验室设备管理中存在的一个重要问题。一方面，高校的实验室设备越来越多，维修保养的难度和工作量也相应增加，但是管理人员的数量没有相应增加，导致实验室设备的管理工作难以得到有效的落实。另一方面，实验室设备管理人员的工作范围也往往过于广泛，涵盖设备的采购、维护、保养、报废等多个方面，难以做到专业化、分工合理化的管理。

其次，高校实验室设备管理人员的管理能力也存在不足，管理的方式和方法缺乏科学性。一方面，由于实验室设备管理人员的数量不足，导致管理人员往往处于过于繁忙的状态，没有足够的时间和精力来思考和研究科学的管理方法和策略。另一方面，现有的管理方式和方法缺乏科学性和前瞻性，往往只能满足眼前的管理需要，而不能预见未来的管理挑战。

此外，高校实验室设备管理人员在管理工作中还存在其他问题。例如，对于一些特定类型的设备，管理人员的专业知识和技能不足，无法对设备进行有效的维护和管理；在实验室设备采购时，管理人员的采购能力和技巧有待提高，导致采购的设备可能不符合实验室的实际需要。

第三节　高校实验设备管理的措施

高校实验设备管理是保障实验教学和科学研究正常开展的基础，为了确保实验设备的正常使用，必须采取一系列的措施来加强管理，以下是几个方面的具体措施：

一、制定设备管理制度

针对实验设备的采购、验收、使用、维护、保养、更新、报废等方面，建立相应的制度，明确责任人和管理流程。

（一）设备采购管理制度

设备采购管理制度主要是规范实验室设备采购的程序、方法、标准和要求等方面。其主要内容包括：采购申请、评估、招标、评标、合同签订、验收等环节的程序与方法。制度应明确各环节的责任、权利、义务，并建立严格的制度审核和管理程序，避免采购过程中出现违规行为。

（二）设备验收管理制度

设备验收管理制度是为了保证实验室设备的质量和性能，防止设备质量问题导致的安全事故和实验失败等问题的发生。其主要内容包括：验收标准、验收方法、验收程序、验收记录等。制度应明确各验收环节的责任、权利、义务，建立有效的验收机制，确保验收结果真实准确。

（三）设备使用管理制度

设备使用管理制度是为了规范实验室设备的使用，保证实验室设备的正常运行和使用寿命。其主要内容包括：设备使用规范、设备操作流程、设备维护保养等。制度应明确设备使用的责任主体、使用的规定、设备的标识和使用记录等，确保设备的正常使用。

（四）设备维护保养管理制度

设备维护保养管理制度是为了保证设备的正常运行和使用寿命，防止设备质量问题导致的安全事故和实验失败等问题的发生。其主要内容包括：设备维护保养规程、维护保养计划、维护保养记录等。制度应明确设备维护保养的责任主体、维护保养的规定、维护保养的标识和记录等，确保设备的正常维护保养。

（五）设备更新换代管理制度

为了保障实验室的科学研究和教学质量，高校需要建立设备更新换代管理制度，该制度应包括以下方面：

1.设备更新换代的标准

制定更新换代的标准，如设备的使用寿命、维修成本、技术性能等，同时也要考虑到预算、经费等因素。

2.设备更新换代计划

制订设备更新换代的计划，明确设备的更新时间、数量、种类等，以保证设备的有效利用和更新换代的及时性。

3.设备更新换代的经费保障

制订相应的经费保障计划，包括设备的采购、更新换代、保养维修等费用，同时需要考虑到设备更新所带来的收益。

4. 设备更新换代的审批流程

明确设备更新换代的审批流程，设立审批部门和审批程序，保证更新换代计划的合理性和科学性。

5. 设备更新换代的执行

设备更新换代的执行应该按照计划进行，对于更新换代的设备，需要做好使用寿命的管理工作，确保设备的性能、安全和稳定运行。

6. 设备更新换代的监督与评估

对设备的更新换代情况进行监督和评估，及时发现和解决问题，优化设备更新换代管理制度。

7. 设备更新换代的信息公开

及时公开设备更新换代计划、执行情况和效果等相关信息，加强内外部交流与合作。

高校实验室设备更新换代管理制度的建立，有助于规范设备管理和维护，提高设备利用效率和安全性，提升实验室的整体水平和科研教学质量。

二、加强设备安全管理

高校实验室设备安全管理是实验室管理中非常重要的一环。为了保障实验室安全和设备的正常运行，高校实验室需要建立完善的设备安全管理制度，并且对所有实验室人员进行安全教育和培训，加强设备安全管理。下面是建立高校实验室设备安全管理制度的几个方面：

（一）设备安全使用规范的制定

制定设备安全使用规范，明确设备的安全使用方法、注意事项、操作规程等，以确保设备能够安全运行。

（二）设备操作人员的安全培训

对所有实验室人员进行设备操作安全培训，包括设备的使用方法、安全注意事项、应急措施等，以提高实验室人员的安全意识和安全能力。

（三）设备定期检测和维修保养

建立设备定期检测和维修保养制度，对设备进行定期的检测和维修保养，确保设备的正常运行。

（四）设备故障和事故处理制度

建立设备故障和事故处理制度，对设备的故障和事故进行及时处理和记录，并进行故障原因分析和处理，以降低设备故障和事故对实验室安全的影响。

（五）设备安全监测和评估

建立设备安全监测和评估制度，对设备的安全运行进行定期监测和评估，及时发现和解决设备的安全隐患，确保实验室设备的安全运行。

三、加强设备共用管理

高校实验室设备共用是一种常见的设备利用方式，可以提高设备的利用率和使用效率。但是，如果设备共用管理不当，就容易出现设备过度使用、设备管理混乱、设备的维护保养不到位等问题。因此，高校实验室应该加强设备共用管理，建立设备共用制度，明确设备的使用范围和时间，规范设备的共用流程，保证设备能够长期稳定运行。

首先，高校实验室应该建立设备共用制度，明确设备的使用范围和时间。设备共用制度应该明确设备的使用范围、使用时间、使用方法等。在制定设备共用制度时，应该根据设备的类型、用途、特点等因素进行细分，确保设备的共用能够得到科学合理的管理。

其次，高校实验室应该规范设备的共用流程。设备共用流程应该包括设备的预约、使用、归还等环节。在设备的共用过程中，应该建立设备共用登记表格，记录设备的使用情况，以便于管理人员进行统计和监督。

第三，高校实验室应该建立设备维护保养制度，确保设备的长期稳定运行。设备维护保养制度应该包括设备的日常维护、定期保养、故障维修等环节。在设备维护保养过程中，应该根据设备的特点和使用情况，制订相应的维护保养计划，定期对设备进行检查、维修和保养，确保设备的正常运行。

最后，高校实验室应该加强设备的安全管理，建立设备安全管理制度，确保设备的安全使用。设备安全管理制度应该包括设备的安全使用规范、操作规程、安全检查等环节。在设备的使用过程中，应该严格遵守设备的安全使用规范，使用设备时必须佩戴相应的安全防护用品，保证设备的安全运行。

四、加强设备管理人员培训

对设备管理人员进行培训和考核，提高其管理和操作技能，加强设备管理人员的安全意识和责任意识。具体而言，高校可以采取以下措施加强设备管理人员的培训：

制订培训计划。根据实验室设备的具体情况，制订培训计划，明确培训的内容、时间和方式。

选派专业人员进行培训。可以邀请设备制造商、技术专家、行业协会专家等专业人员进行培训，确保培训内容的专业性和权威性。

建立培训档案。对参加培训的设备管理人员建立档案，记录培训情况和效果，以便日后跟踪和评估。

培训方式多样化。可以采取现场培训、远程培训、集中培训等不同形式，以适应不同设备管理人员的需求。

建立培训反馈机制。通过听取设备管理人员的反馈，了解培训效果，并及时改进培训计划和方式。

通过加强设备管理人员的培训，可以提高他们的专业素质和管理水平，为实验室设备的运行和管理提供保障。

五、加强设备管理信息化建设

利用信息技术手段，建立设备管理数据库，实现设备信息的动态管理和实时监控，提高设备管理的科学性和效率。

高校实验室设备管理信息化建设可以通过以下措施实现：

（一）建立设备管理信息系统

高校实验室可以通过建立设备管理信息系统来加强设备管理。设备管理信息系统是一种将计算机技术和管理学结合的新型信息管理系统，可以对设备信息进行快速、准确、方便的管理和查询。具体而言，高校实验室可以通过以下方式建立设备管理信息系统：

1.设备信息的采集和录入

实验室可以采用各种手段收集设备信息，并录入设备管理信息系统中。这些信息包括设备名称、型号、采购日期、生产厂家、维修记录、保养记录等。

2.设备管理信息系统的建设

根据实验室的需要，可以选择开源或商业的设备管理信息系统进行建设。开源系统可以根据实验室的需求进行自定义开发，而商业系统则可以利用一些现成的功能和模板，以便实验室快速部署和使用。

3.设备信息的查询和监控

通过设备管理信息系统，实验室可以实现对设备信息的快速查询和实时监控。可以设立专门的账户和权限管理，使得实验室人员可以根据自己的需要进行信息查询和监控。

4.设备管理信息的统计和分析

通过设备管理信息系统，实验室可以对设备信息进行统计和分析，包括设备维修次数、设备保养周期等。这些统计和分析结果可以为实验室设备的更新换代和维修保养提供科学的依据。

5.设备管理信息系统的维护和升级

建立设备管理信息系统后，实验室需要定期对系统进行维护和升级，以保证系统的稳定性和安全性。

综上所述，建立设备管理信息系统可以提高实验室设备管理的效率和准确性，提高设备的利用率和寿命。

（二）采用智能设备

引进智能设备，通过设备自带的监控系统和传感器等实现对设备运行状态的实时监测和设备故障自动报警，减少设备故障对实验的影响。

首先，在监控系统方面，高校实验室可以引进智能化设备，这些设备具有先进的监控系统，能够实时监测设备运行状态，例如温度、湿度、压力等参数。通过连接到互联网，监测数据可以远程传输到服务器，设备管理人员可以通过电脑或手机实时查看设备运行状态和监测数据，及时发现设备的异常情况，避免设备故障对实验造成的影响。

其次，在传感器方面，高校实验室可以引进一些高质量的传感器，例如光学传感器、温度传感器、声学传感器等，这些传感器可以对实验室中的各种参数进行监测。传感器将监测数据传输到主机上，主机将数据整合并上传到云端进行存储和处理。通过这种方式，设备管理人员可以实时了解设备的运行状态，及时处理设备的故障问题，提高实验室设备的使用效率和准确度。

总之，引进智能化设备和传感器等现代化技术，可以有效地提高实验室设备的智能化水平，优化实验室的管理和运营。

（三）通过物联网技术实现设备管理智能化

利用物联网技术建立设备管理智能化系统，实现设备的远程监控和控制，通过云平台和移动应用程序实现设备信息的动态管理和实时监控，以便及时发现和解决设备故障问题。

1.引入物联网技术

将传感器等物联网设备应用于实验室设备管理，实现实时监控、数据采集和传输等功能。

2.构建物联网平台

建立一个物联网平台，将所有设备的传感器数据上传到云端，并通过云端数据分析和处理，实现设备状态监测、故障诊断和预警等功能。

3.应用智能算法

利用人工智能等智能算法对设备数据进行分析和处理，提高设备故障诊断和预测的准确性。

4.实现远程监控和管理

物联网平台，实现对设备的远程监控和管理，包括设备的开关、参数设置、故障排除等功能，从而实现设备的智能化管理和运营。

物联网技术实现设备管理智能化，可以有效提高设备的运行效率和可靠性，降低设备故障率和维修成本，提高实验室设备管理的水平和效率。

（四）引入人工智能技术

通过引入人工智能技术，实现对设备运行状态的智能分析和预测，提前发现设备故障，并根据设备运行状态对设备进行调整和优化。

首先，可以利用人工智能技术对设备数据进行监测和分析，以实现对设备运行状态的实时监测和预警。比如，可以使用人工智能技术来分析设备的温度、湿度、电流等数据，实时监测设备运行状况，及时发现异常，预测设备可能出现的故障，并采取措施加以修复，减少设备损坏对实验工作的影响。

其次，可以通过人工智能技术对设备进行自主优化和控制。例如，可以利用机器学习算法对设备的操作过程进行分析和学习，针对预测设备运行过程中可能出现的问题，提前采取措施进行优化和调整，以确保设备的运行效率和安全。

此外，利用人工智能技术还可以对设备的维修和保养进行智能化管理。通过对设备历史数据的分析和挖掘，可以识别出设备最容易出现的故障和损坏的原因，从而实现设备的预防性维修和保养，提高设备的使用寿命和稳定性。

总之，高校实验室设备引入人工智能技术，能够实现设备的智能化管理和优化，提高实验室设备的使用效率和安全性，推进高校实验室的数字化转型和智能化建设。

（五）建立设备管理知识库

高校实验室建立设备管理知识库是提高设备管理水平的重要手段之一。设备管理知识库是一个包含设备管理相关知识的数据库，通过对知识库的建立、更新和维护，可以提高设备管理人员的知识水平，提高管理效率，减少设备故障的发生，同时也可以为设备维修保养提供依据。

建立设备管理知识库的过程中，需要将设备管理的相关知识进行分类整理，包括设备的基本知识、设备使用规范、设备维修保养知识、设备更新换代知识等方面。同时，还需要建立相应的管理流程和操作规范，为设备管理人员提供指导和参考依据。

设备管理知识库的维护和更新也是至关重要的，需要定期对知识库进行审核和更新，及时添加新的设备管理知识，同时清除过时或不准确的知识内容。这样才能保证设备管理知识库的有效性和及时性。

总之，建立设备管理知识库是高校实验室设备管理的重要一环，可以提高设备管理人员的管理水平和效率，进一步保障实验室设备的正常运行和使用。

（六）实现设备管理的自动化

高校实验室可以通过引入自动化设备来实现设备管理的自动化。自动化设备包括机器人、自动化控制系统等。这些设备可以根据预先设定的程序和指令进行自主运行，从而减少了人力和时间的投入，并且可以提高实验室设备的运行效率和精度。

例如，在高校实验室中使用自动化控制系统，可以通过设定参数和运行程序来自动控制设备的操作，避免了人为操作时的误差和变化，提高了实验结果的准确性。此外，还可以使用机器人来实现某些操作的自动化，如样品处理、实验数据收集等，减少人力投入，提高实验效率。

在引入自动化设备的同时，高校实验室还应建立完善的自动化设备管理制度，包括设备选型、采购、维护、保养、更新等方面的规定，确保自动化设备的正常运行和长期稳定性。同时，需要对相关工作人员进行培训和技能提升，以便能够熟练操作和维护自动化设备。

六、优化实验设备配置评价指标

高校学科发展和科研能力的提高，促使了大量的办学资金投入，购置的大量设备资源又要求高校自身需优化配置其资源设备。实验设备在高校的固定资产中占有较大比例，其数量和质量会严重制约高校的教学质量、办学水平和科研产出，高校的实验设备利用率从一个侧面反映了高校的办学水平和管理能力，所以实验设备的优化配置管理在高校管理中很重要。同时，教学和科研水平的提高，不仅需要建设设备完善、门类齐全的实验室，还必须构建完善的管理规章制度，根据学科发展，优化配置并充分有效地使用实验设备等固定资产，提高其利用率。所以，为了充分发挥高校设备资源在教学科研中的作用，对高校实验设备进行优化配置就显得十分必要。

（一）何谓高校实验设备优化配置

优化配置高校的实验设备就是高校依据学科发展、人才培养、事业规划之需要，将部分资金用于购置教学科研急需的仪器设备，及时配置相应的资源，并使学校所有的仪器设备最大限度地被利用、充分有效地服务于教学科研的过程。其原则是合理配置、充分利用。主要包括：第一，依据高校学科发展、人才培养的需要，及时配置急需的实验设备仪器；第二，使学校所有的仪器设备最大限度地被利用、充分有效地服务于教学科研和人才培养；第三，及时淘汰、报废利用率低且过时的实验设备，并及时添置相应的先进设备。在实验设备的整个管理过程，即购置、利用、调配、报废过程中都需考虑实验设备的优化配置，在此过程之中，若要提高实验设备的使用率可通过科学管理、改进制度、规范操作来实现，以此来完善实验设备的优化配置。

（二）现有的高校设备优化配置评价指标的不足

现有的高校实验设备优化配置评价指标有着如下缺陷：第一，对利用率的指标的定义缺乏科学依据。如王善迈教授提出的将"教学仪器设备利用率"定义为"教学仪器设备使用时间（小时）/教学仪器设备总数（件、台）"就不妥，它所反映的是"平均每件设备的利用时间"而不是使用率，只有将它与"平均每件设备能够达到的最大使用时间"相比，才是"实验仪器设备的使用率"；第二，现有的评价指标只是单方面考虑设备的利用率，既没有衡量设备配置的经济合理性，也没有权衡时效对设备配置合理性与经济性的影响。优化配置高校实验设备，不只是提高设备的使用率问题，还要考虑合理配置的问题，也就是它既要考虑配置是否按急需程度（即时效的大小）来购置实验设备和按经济适当来决定配置的数量，也要考虑在配置过程中需依据设备的时效性与性价比的变化来进行有计划的维护、协调配置和报废换新等。

（三）新的高校实验设备优化配置程度评价指标

新的高校实验设备优化配置程度评价指标包括：

1. 相对评价指标

高校设备评价有绝对指标和相对指标。绝对指标包括实验室贵重设备、教学科研设备、材料与低值易耗设备总值等。相对指标包括学科科研设备和生均教学设备占有量等。以此可看出，高校实际所拥有的设备资源通过绝对指标来反映，而高校所拥有的相对设备资源则通过相对指标来反映，可见，相对指标从一定程度上反映了这所高校设备资源的配置情况。

2.设备使用率评价指标

评价高校设备优化配置最基本的指标就是设备使用率评价指标。衡量设备使用率的指标有：实验室使用率 =[（平均每周开放利用时间）÷（每周可开放的最长时间）]×100%；实验设备利用率 =[（平均每周实际利用时间）÷（平均每周可工作时间）]×100%。若以上指标较大，约等于 1，说明某实验室或者设备已被充分使用；若其中某指标 < 1，说明某实验室或者设备的利用率低；若其中某指标 > 1，说明某实验室或者设备不足，需添置。

3.时效优化配置指标

对高校实验仪器设备的优化配置必须考虑设备的时效性，这里提出如下指标：报废设备使用到期比 =[（因到达使用期而报废的设备总价值）÷（报废设备的总价值）]×100%。若此计算值较大，接近于 1，则说明打算要报废的设备曾已被充分使用，也就是其时效性优良，意味着该设备在有限的使用期内被经常使用、没有被浪费，利用率高。反之，若此计算值较小，远小于 1，则说明打算要报废的设备没有被充分使用，也就是其时效性较差，意味着该设备在有限的使用期内经常被闲置、造成该设备被浪费，利用率低。

高校实验设备优化配置既需要高校依据自身学科发展、人才培养的需求，及时配置急需的实验设备仪器，同时报废利用率低且过时的实验设备，及时添置相应的先进设备；也需要高校最大限度地利用学校所有的仪器设备，使它们发挥最大效益，有效地为教学科研和人才培养服务。

七、完善采购绩效评价体系

高校实验室是高等学校建设中的极为重要的部分。实验室有助于高校开展和发挥科学研究，为学生们的实践学习、教师的教学和课题研究等都能提供极大的帮助，而高校实验室中的各项设备，更是进行学习、教学、科研的重要资源。如何利用这些资源，如何让这些资源发挥有效的作用，不仅仅是经济方面的效益，对于严谨的实验科学来说更是有益的，而对于所采购的设备进行绩效分析，更能够优化高校中实验室设备采购流程。

（一）实验设备采购的思想建设

1.理念的建设

在进行绩效考评之前，需要对设备有效利用的观念进行思想建设，让实验室的管理人员、科研人员、使用人员对实验设备有着一定程度的重视，而非因是实验设备就可以肆意滥用，也不会因是实验设备就不予珍惜。

2.原则的建设

建立采购的绩效评价体系是为了给实验提供保障，而实验的使用方式也对绩效评价有着一定影响。因此在使用方面，要制定一定的原则，首要原则就是"配置原则"，按照不同的教学内容和科研课题给予不同的设备资源，不可全部平均分配，不然就有可能造成资源短缺和过度浪费。次要原则是"激励原则"，对于实验设备的使用有着一定激励的前提，在激励前提的作用下，令使用者们都可以积极有效使用，进而提高实验效率。

（二）绩效评价体系建设的必要性

1.高校的实验室采购特殊

高校的实验室不同于其他实验室，与政府及其他企业相比，高校的实验首先有着许多不同的教学内容和科研项目，每个教学与科研内容也都会用到不同的实验设备，不同的设备也有着不同的规格，因此在采购的时候十分繁杂，不容易一次性到位。而在使用时也各有状况，有时候因到了实验的关键点而需要立马使用，有时候在实验过程中发现需求量不足，因此在采购方面都需要有很强的机动性，而不像政府、企业可以提前规划好上报审批，之后再去采买。

2.高校的实验室学术为主

政府的实验室是为了解决某个问题，而企业的实验室是为了产生经济效益。可高校的实验室却并非都是如此，大多数的情况是在做教学与学术工作，尤其是学术研究，本质就是去探索未知的科学领域，这种探究可能是毫无经济结果的，也可能是需要大量时间研究的，因此不能单一地用使用资金多少和耗费的物力来做判断，更需要看重其研究价值。所以对于实验室设备的采购更需要的就是建立一个设备采购绩效体系，这样才有助于实验的进行，为实验提供相关保障。

（三）设备采购绩效评价体系

1.设备采购绩效评价体系的基本要求

要想科学客观地对设备采购进行评价，就需要设立评价的标准，并且这个评价的标准应该是可量化的，而不是凭借感官去感触的。例如：一共使用了多少设备，有多少设备完好，有多少设备损毁，对于教学与科研的开展又起到了多少帮助。在此基础上可以就单一设备做出评价，也可以按照不同的需求相互搭配来总体评价，但评价的设置一定是可量化的。

另外就是需要在各项指标中分析探索，找出具有代表性的指标，如在什么条件下最容易损毁、在什么条件下设备利用的时间最长。毕竟设备有大有小，有的可以长期利用，有的必须要短期更替，有的需要整个更替，而有的只需要对配件进行更替，因此需要有一个总的统计反馈，这样对之后的绩效考核才能更有帮助。

2.设备采购绩效评价体系的构建方法

构建方法是一种理论性的体系，从方法上来说，采购首先要按照国家的法律法规执行。而大多数院校的构建方法都是尽可能地压缩资金和设备使用，这种方式不利于教学与科研的进行，因此应该采取合规合理的方式，善于利用与分析各种情况，尽可能地合理利用资金来发挥最大效应。高校自身的情况不同，所能使用的资金项目不同，所采取的科研项目也不同，因此在设计构建要素时要进行多维度的考虑，不可就单一的价格与使用时间因素考量，要通过项目的长短期、复杂的程度、管理的方式、所用资金、效率使用等维度进行综合评价，以此来确定所构建的绩效考核的情况，对此进行客观公正的评价。

3.设备采购绩效评价体系的影响因素

每个设备都会有不同的评价尺度，根据不同的尺度，对其精准度、时间年限、重要程度等不同的权重予以考量，还可能会被使用人员所影响，其中对于各种消耗的因素都要有所评判和考量，这样才能够减少影响因素对于绩效的失误判断，才能够建立健全的采购绩效评价体系。

4.设备采购绩效评价体系

采购绩效的评价体系在具体可量化的方面，上文已经做出了多面的陈述，而在具体问题具体分析的时候，也有许多的问题需要通过人工审核的方式来进行评价，因此可能需要请相关的专家对此进行分析判断，来给出具体的评分，以此再结合之前的权重评分予以考量，通过建立不同的规则模型来规划评价体系。

5.多维度的绩效评价

通过质量来进行绩效考核，最简单的方式便是用采购设备中合格的设备的总金额与此次采购所花费的总金额得出所有货物质量的合格率，也就是：合格的设备金额÷设备采购花费总额×100%，就可以得出有关于质量的合格率。

在质量确定的情况下还应该就时间的问题进行考虑，时间的影响有时候甚至决定了实验的成败，那实验设备的购买时间更是其中的一项维度，而对于时间的及时性的考量，可以通过用各项分别完成的时间来规划考察，也可以按照在一定时间内能完成的任务与所需要的总的采购项目数进行对比，也就是：时限内可完成的任务÷总需的采购项目×100%，所得出的比率就是时间的维度了。

有了质量和时间，那接下来就需要考虑实验产出的效率，有关效率的考虑就需要按照具体问题具体分析的办法处理，因为每个项目的目的不同，所产出的结果也不同，因此需要多方面的考量。最简单的方式就是用总的采购量与总的采购人员进行比对，就能得出人均的采购量，而利用人均的采购量在与单次消耗的金额比对，就能得出采购的效率。

有了质量、时间、效率，基本上就有了初步的绩效体系，想要再深入一点儿，就需要挖掘其实验项目所用设备的复杂程度，而这种指标难以确定，最简单的办法是请专家组评估，而在没有专家组的情况下，可以采用设备所牵扯到的覆盖率的情况来判断，也就是用此次设备所涉及的专业数量，以此可以看出相应的指数。

通过以上的几个指标，再用来相互比对，就同一设备而言可以发现其使用及消耗情况，也就可以判断出设备采购的指数，以此再结合高校的一些情况来作为绩效指标，例如高校的支持度、设备的服务力，以及使用者对设备的满意度等来综合评判，那么基本的高校实验室设备采购绩效评价体系也就完成了。

当然，这种模式是一种综合了各种方面因素的基础考量，并不能涵盖所有的实验室。

而且不管是如何评估，在投入和产出方面都是与经济效益挂钩的，有些是能够直接清楚地看到效益的，而有些却需要通过长期学术研究来衡量，因此虽然不能单一地用结果为判断标准，也不能完全性地不考虑结果所带来的意义。因此，对高校实验室设备采购绩效评价体系的判断最终趋向于实验研究成果，而最终的研究结果对于体系的建设也具有指导意义。

第六章　新时期高校实验室开放与合作

第一节　高校实验室开放的意义和挑战

一、实验室开放的意义及价值

实验室开放是实验教学模式的创新举措，也是实验室功能进一步拓展和延伸的重要体现。实验室通过深入挖掘和有效整合现有实验教育资源，进一步提升实验室的软硬件的承载力，让理论教学和实践操作相互协调、有机配合，逐步打造出一个学生自主学习、自我管理的新型实验教学模式。实验室对外开放，鼓励、引导和支持本科生进实验室，一方面是让实验室教育资源得到充分利用，使其教育资源效益得以发挥；另一方面是给予学生自主发挥、自我创新的平台和空间，使学生的科学素养和创新能力得到培养和锻炼，为新型的创新创业人才培养奠定基础。

（一）增强交流合作

高校实验室开放对于学术研究和科技创新具有重要的意义。一方面，高校实验室作为科研机构，需要开展各种前沿研究和技术创新，而这些工作需要与企业、其他研究机构进行广泛的交流合作，通过合作来共同推动科技创新和产业升级。另一方面，实验室开放可以为研究人员提供更多的交流和合作机会，激发创新潜力，推动研究成果转化，从而更好地服务于国家经济和社会发展。具体来说，高校实验室开放可以带来以下方面的好处：

1.促进学术交流

高校实验室开放可以吸引国内外的研究机构和学者前来交流和合作，促进学术交流和共同研究，提高研究水平和成果质量。

2.推动技术创新

开放实验室可以让企业、创新团队等更容易接触到最新的技术成果和研究成果，从而更好地推动技术创新和产业升级。

3.提高科研成果转化率

通过开放实验室，研究人员可以更好地了解市场需求和行业发展趋势，将研究成果转化为实际应用，更好地服务于经济和社会发展。

4.拓展合作伙伴

实验室开放可以扩大合作范围，拓展合作伙伴，为研究成果的推广和商业化提供更多的机会。

总之，高校实验室开放有助于促进学术交流、推动技术创新、提高科研成果转化率、拓展合作伙伴，对于推动科技创新和产业升级具有重要的意义。

（二）提升科研水平

高校实验室开放的另一个重要意义是能够提升科研水平。通过开放实验室，不仅能够为校内师生提供更广泛的科研资源和先进技术，也能为外部研究机构和企业提供有力支持和技术服务，促进跨学科合作和技术创新。

对于高校内部来说，开放实验室能够让教师和学生更加便捷地获取到各类专业设备和先进技术，提升科研能力和水平。在实验室开放的同时，也可以加强教师和学生之间的互动与交流，推动学术合作和研究创新。

对于外部研究机构和企业来说，实验室开放则提供了更广阔的合作空间和科技支持，增强了企业的技术创新能力和市场竞争力。同时，与高校合作也能为企业拓展更多合作机会和产业发展空间。

总之，高校实验室开放能够为各方提供更广泛的科研资源和先进技术，促进科技和技术的交流与合作，从而进一步提升科研水平和创新能力。

（三）培养人才

高校实验室开放可以为学生提供更多实践机会，加强学生对实验室设备和技术的了解和掌握，有助于培养人才和提升就业竞争力。高校实验室开放对培养人才有以下几个方面的作用：

提供实践机会：高校实验室开放可以为学生提供更多的实践机会，让他们更好地掌握理论知识和实践技能，提升综合素质和实践能力。

培养创新意识：高校实验室开放可以为学生提供更多的自主研究机会，让他们在实践中逐渐培养出创新意识，培养自主研究能力。

培养合作精神：高校实验室开放可以为学生提供更多的合作机会，让他们学会合作、分工协作、共同探讨问题，培养合作精神。

扩大人才交流：高校实验室开放可以吸引更多的国内外专家和学者来到高校进行交流，扩大了人才交流的范围和深度，为高校引进高水平人才提供了更多机会。

（四）团队协作能力的培养

高校实验室作为科学研究和人才培养的重要场所，其开放管理对于培养团队协作能力具有重要作用。下面从几个方面详细探讨高校实验室开放管理对团队协作能力的培养作用。

1.协作意识的培养

在高校实验室开放管理中，研究人员和学生可以和来自不同学科背景和研究领域的人进行交流合作。这样的开放性环境可以促进研究人员的协作意识的培养。在和来自不同领域的人合作的过程中，研究人员必须要理解其他人的观点，并在合作中共同寻找问题的解决方案。这样的过程可以帮助研究人员更好地理解团队合作的重要性，提高其协作意识。

此外，高校实验室的开放管理也有利于培养学生的协作意识。在高校实验室中，学生可以参与科研项目，与导师和其他研究人员合作完成研究任务。通过这样的合作，学生不仅可以掌握实验技能和科研方法，还可以在与他人合作的过程中培养出较强的协作意识。

2. 协作技能的提升

高校实验室开放管理还可以帮助研究人员和学生提升协作技能。在开放的环境中，研究人员需要与其他人进行沟通和合作。这要求他们具备一定的沟通和协作技能。例如，要想在合作中达成共识，研究人员必须具备良好的沟通技能和协商能力。而在完成研究任务的过程中，也需要研究人员具备较强的协作技能，例如在分工协作、任务分配和资源调配等方面进行协作。

高校实验室开放管理也有利于学生协作技能的提升。通过参与科研项目，学生可以与导师和其他研究人员共同完成研究任务。这样的合作需要学生具备良好的协作技能，例如在团队中的角色分工、任务协调和沟通交流等方面进行协作。在这样的协作过程中，学生可以不断地学习和提升自己的协作技术。

3. 提高任务完成效率

在实验室开放中，往往会涉及多个实验室、多个研究小组的协作。如果这些小组之间能够有效沟通、协调配合，那么就能更快地完成任务，提高任务完成效率。团队协作能力可以使团队成员之间更加默契，减少沟通误差，协同工作更加高效。

4. 促进知识共享

实验室开放能够提供更广泛的科研资源和先进技术，不同团队之间的交流和合作能够促进知识共享。通过团队协作，不同团队之间可以互相了解彼此的研究方向、研究成果、实验设备等，从而促进知识共享，提高各方的科研水平。

5. 丰富科研思路

不同的研究小组往往会有不同的研究思路和研究方向。通过实验室开放，可以使得不同的小组之间进行交流和合作，从而拓宽各方的研究思路，更好地了解和掌握新的科学技术，提高科研水平。

6. 提高科研成果的创新性

在团队协作中，成员可以相互启发，相互补充，从而创造出更有创新性的科研成果。例如，不同小组之间可以进行交叉研究，探索新的领域，发现新的问题，提出新的解决方案。

7. 增强实验室合作能力

团队协作能力的提高，也会促进实验室内部合作能力的增强。在实验室开放中，不同的小组之间可以相互学习、相互借鉴，提高实验室内部的合作效率和质量。同时，对于实验室管理者来说，也需要具备团队协作的能力，提高管理水平，更好地协调和管理实验室。

（五）提高实验室设备利用率

高校实验室开放有助于提高设备使用效率，充分利用设备资源，提高实验室的工作效率和科研成果产出。具体包括以下几个方面：

共享设备资源：实验室开放可以让不同的研究团队共享设备资源，避免设备闲置浪费。这样可以最大限度地提高设备利用率，使设备使用更加高效。

拓展设备使用场景：实验室开放可以将设备使用场景从单一的研究项目中拓展到更多的领域中。比如，一个实验室的设备可能只被用于某一种材料的研究，但是如果开放给其他实验室或者公司使用，这些设备就可以被应用于更多的领域，提高设备使用效率。

增加设备更新换代速度：实验室开放可以增加设备使用量，从而更快地发现设备的不足之处，并及时更新换代，提高设备使用效率。

促进设备共享：实验室开放可以促进设备共享，避免重复购买和浪费，提高设备使用效率。

总之，实验室开放可以使设备使用更加高效，提高设备利用率和更新换代速度，从而为研究团队和企业提供更好的实验环境和研究资源。

（六）促进社会服务

高校实验室开放可以为社会提供更多的技术服务和技术支持，有助于促进科技成果的推广和应用，为社会经济发展做出贡献。

1. 提供专业技术支持

高校实验室在开放后，可以向社会提供专业技术支持，例如提供分析测试、产品检测等服务，帮助社会解决实际问题。对于一些中小企业或初创公司来说，由于经济和技术实力的限制，往往无法自行建立实验室进行研发，因此需要借助高校实验室的技术和设备，获取专业的技术支持，提高其自身的竞争力。

2. 开展技术转移

高校实验室开放还可以促进技术转移，将科研成果转化为具有实际应用价值的产品或服务，推动科技创新和产业发展。高校实验室在开放的过程中，可以与企业、政府等机构进行技术交流和合作，共同研发新技术、新产品，推动科技成果的转移和转化。

3. 提供技术培训

高校实验室在开放后，还可以向社会提供技术培训，包括实验操作、技术交流、课程讲解等。高校实验室拥有先进的实验设备和技术人才，可以为社会提供高水平的技术培训服务，促进各领域人才技术水平的提升。

4. 举办科普活动

高校实验室在开放后，可以利用其优势资源，举办科普活动，推广科学知识和文化，增强公众科学素养。例如举办科学展览、科学讲座、实验室开放日等活动，让公众更深入地了解科学研究和实验室工作，进一步提高公众对科学的认识和理解。

二、新时期高校实验室开放共享过程中存在的问题

实验室开放共享的实质就是开放实验室的人力资源和物力资源，从而发挥现有资源的最大效益。然而，由于体制与机制的不健全，各高校内部、高校校际、高校与社会之间的实验室资源并没有得到充分开放以及共享使用，实验室资源共享的深度与广度较低，导致实验室资源大量闲置。

实验室开放范围窄，学生和社会的参与度低，开放共享程度不高。目前，大部分高校实验室只是有选择地开放以及部分开放。开放的时间、空间和对象不够，且项目数量偏少、实验内容偏窄。一些实验室开放不是以满足学生需求为目的，而是以学校要参与某一级别的竞赛为目的，不能满足大部分学生对实验室的需要，学生的受益面较窄。有许多高校的大型仪器设备，尤其是一些大型精密贵重仪器，应用于本科实验教学的比例非常小，大多是局限在某课题组内部使用，仪器设备使用效率不高。同时，由于高校实验室面临多头或多级管理、收费标准不统一且费用结算手续麻烦等问题，导致高校实验室对社会开放的积极性不高。目前，高校主要以接受社会上的企业或个人委托横向项目的方式进行实验室开放，但项目合同需要逐级审批，耗费时间。因此，这种开放形式的最大弊端在于时效性不强。

实验室开放共享未落到实处，开放效果不理想。近年来，各高校也逐渐意识到实验室开放共享的重要性，纷纷推行实验室开放共享管理，并制定了一系列实验室开放共享方案或实验室开放管理办法。但是，目前各高校实验资源主要还是以实验教学为主，实验室资源利用率低，实验室运行维护成本高，实验项目更新换代难。因实验室开放出现了实验室管理难度增加、教师指导任务繁重、时间安排冲突、安全隐患和设备维护成本增加等一系列问题，而实验室的信息化建设、管理手段、人力和经费投入没有完全跟上，导致实验室开放有心无力，不得不降低实验室的开放程度。再加上各学科、专业、课程早已习惯了各自为政，实验室开放共享只能是纸上谈兵。某些专业可能在实验教学中需要用到相同的仪器设备，但由于各专业、各课程在实验教学时间安排上缺乏沟通，没有错开时间安排，导致设备无法错峰共用，因此不同专业的实验室大量购置同种仪器设备的现象时有发生。加之当前整个教育大环境对素质教育并没有进行有效的引导，创新人才的培养机制和政策并没有真正落实，学生宁愿去图书馆也不愿去实验室，导致开放的实验室常常空无一人。

三、高校实验室开放共享过程中存在上述问题的原因

（一）实验室管理体制不完善

实验室设备管理"重买不重修，重购置轻使用、轻考核"的思维惯性普遍存在，形成设备"怕用坏、怕共享"的困局。目前，我国高校仍然沿用单一的政府主办体制和管理机制。各高校千方百计争取实验室建设资金，却缺乏对后期资金使用的效益评估考核制度，更没有在国有资产的增值保值上下功夫，也缺乏对后期仪器运行维护的持续经费投入。很多大型精密设备日常运行维护费用昂贵，由于维修经费缺乏，设备"惜用，怕用坏、怕担

责"等情绪弥漫。高校的资产管理者缺乏鼓励实验技术人员对仪器新功能开发利用的意识，大都把主要精力集中在对"物"的价值的关注上，而缺乏对设备使用价值的关注，使得设备功能未得到充分发挥，高档设备"高能低用"的现象时有发生，只注重资源的静态价值，而忽视了资源的动态效果，建设超前了，管理却滞后了。同时，国家相关部门及高校对各实验室的各项评估、检查考核，所注重的是科研成果、发表的论文以及重点基金、课题项目的多少，很少重点关注实验教学的质量和学生素质教育和能力培养的过程，偏离了高等教育人才培养的目标定位。

仪器设备"分散管理、封闭使用"的传统管理模式制约了实验室的开放共享。由于存在诸多复杂的利益关系和产权关系，部分高校实验室建设缺乏总体规划，重复建设严重，实验室管理者也早已习惯了多年以来的各自为政。于是，在高校内部，各专业、各学科，甚至各课程之间缺乏"专管共用"的共享开放精神，纷纷按照"小而全、大而优、自有自管自用"原则，拼命购买，造成很多设备重复购置，由于相互之间不愿或不能共享，导致很多贵重设备的使用率低。

（二）实验室开放共享的机制不健全

1.缺乏可操作的实验室开放共享制度体系

高校实验室开放共享是一个系统工程，需要高校各职能部门管理者、实验室管理人员、教辅人员、指导教师的协同配合，同时也需要学生、社会相关研究人员的积极参与，缺乏其中任何一方的参与，理想中的开放共享即会成为现实中的一厢情愿。当前，在仪器设备管理、耗材管理、经费管理、实验室安全管理等方面制度比较成熟，但在实验室开放共享实施方案、开放共享管理办法、开放共享服务项目收费管理办法、开放共享绩效考核等相关制度方面还存在很大的完善空间。

2.实验室管理手段相对滞后，仪器设备共享信息不畅

有些高校实验室管理没有积极运用现代信息技术进行信息化管理，仍然采用人工管理方式，全靠嘴和笔来沟通与协调，管理效率低下，无法满足实验室开放运行的管理需求，难以完成实验室、实验课程的协调安排，无法及时完成实验室使用申请、审批、培训、授权、登记、计时、结算等流程，疲于应付，导致实验室开放制度难以大范围贯彻落实。

3.实验室人员及经费保障没有跟上

实验室开放必然会带来基本技能类实验以及设计性、综合性和创新性实验项目的增加，实验循环开设的次数增加，导致实验所需的耗材、试剂消耗量及人力经费随之增加。同时，因实验技术人员在实验室工作时间延长而必须支付相应的劳动报酬也会增加，现有的实验教学专项经费已无法完全满足实验室开放的需要。

4.缺乏科学合理的引导激励机制

（1）缺乏对学生的引导机制

按照目前的人才培养方案，一是大部分课程实验课时安排不足，学生除了在上实验课的短时间内可以接触到所学专业课的设备外，课后再进入实验室接触其他仪器设备的时间

和机会很少，灌输式的实验教学模式长期存在，同模式培养、批量培养，在很大程度上限制了学生向多方面及深层次发展的迫切需求和愿望，学生没有内在动力；二是设计性、创新性实验内容太少，对学生到实验室自行开展实验的要求太低，学生没有外在压力。因此，如果实验室仅有时间和空间上的开放，而没有丰富的开放内容和自主性环境支撑，就会使实验室开放这一生动形式变得缺乏吸引力，使得学生主动参与热情不高，课余时间能够主动进入实验室的学生人数不多，使实验室开放的实际效果大打折扣。

（2）缺乏对教师的激励机制

由于长期重科学研究轻教学研究，重理论教学轻实践教学，认为搞实验教学不仅费钱费时费力还见效慢，实验教师特别是教辅人员低人一等的思想仍然存在，实验教师和教辅人员的地位、绩效待遇、职称等得不到应有的重视，队伍不稳定、人才流失严重，加上缺乏切实可行的实验室开放绩效考核制度，教师参与实验室开放的积极性不高。

（三）开放式实验教学过程中实验室面临着管理难题

1.管理机制不完善

开放式实验教学不仅仅是时间、空间开放的问题，而且是一种新型教学理念，强调通过实验室资源优化配置、实验师资队伍建设、管理体制完善，形成高效、有序、规范的实验室开放机制，以此满足开放式实验教学要求。然而，现阶段，多数高校实验室均采用的是学校直接管理为主、学院委托管理为辅的管理模式，尚未设立统一的实验室管理机构，负责统筹规划、协调安全管理与设备维护等实验室公共事务，虽然很多高校鼓励开放式实验教学的开展，但由于实验室管理体制滞后，尚未形成一套与开放式实验教学相适应的实验室开放机制，实验室仍多由实验教师依循每日教学任务开放大门，并未实现真正意义上的开放式管理，这导致学生因实验时间及环境局限而无法开展自助式实验学习，很多实验室仪器、设备常处于停用状态，利用效率低。

2.资源共享度低

实验室管理直接影响着开放式实验教学效果，当前很多高校实验室管理问题颇多，不仅运转经费严重不足，而且资源共享度低。一方面，实验教学离不开实验材料的消耗、设备维护运行费用、实验教师劳动酬金、教师课时费等资金的支持。开放式实验教学虽形式灵活多变，但多与其他实验共享资源，因而很难统计经费投入量，加上很多高校并未设置针对开放式实验教学的专项经费，这导致实验室运转经费严重不足，极大地影响了实验教学的质量及开放程度。另一方面，实验室很多设备为专用设备，实验过程中对设备质量、实验者操作技能要求极高，这导致很多仪器及设备共享度低，开放式实验教学需求与资源局限的矛盾日趋深化。

3.实验内容单一

开放式实验教学强调对实验内容进行科学规划与开放，既要为实验人员提供开放式服务，又要随时对学生、教师进行相应的指导，以充分发挥开放式实验室的价值。然而，很多院校受制于实验条件的局限，只能选择部分实验项目或内容向学生开放，无论是开放层次还是深度，均达不到开放式实验教学的要求，加上实验内容单一，范围狭窄，缺乏学科综合性、交叉性与创新性，导致实验室无法满足多数学生基本技能训练、科学研究、兴趣培养的需求，严重影响了学生参与开放性实验教学的积极性。此外，很多院校存在严重的重理论轻实践问题，这极大地制约了学生思维独立性、创新性的拓展。

4.师资建设滞后

开放式实验教学对实验室师资人员的技术、管理能力等提出了更高的要求，然而，现阶段多数高校普遍存在实验师资队伍建设滞后问题，一方面，开放式实验教学允许学生随时进入实验室开展实验，这势必需要实验室管理者、实验导师的密切的配合，然而很多院校开放式实验室并未设置专门的人员，多数是身兼教学任务、实验指导任务、实验室管理等多职的教师，这导致其管理压力巨大；另一方面，很多高校开放式实验教学中师生间、学生间协同互动明显不足，这反映了实验指导教师业务水平的不足，加上开放式实验教学要求实验逐步由传统的验证性向设计性、综合性过渡，这无疑对实验指导教师业务能力提出了更高要求，因此，亟须推进高校实验师资队伍建设。

第二节　高校实验室开放的基本原则和途径

一、高校实验室开放的基本原则

高校实验室开放是高校对外开放的重要内容之一，其开放的目的是促进学术交流、科研合作和社会服务等方面的发展。为了保证高校实验室开放的顺利进行，需要遵守一些基本的原则。

（一）公开透明原则

公开透明是高校实验室开放的首要原则。高校应该积极公开实验室的开放时间、开放范围、设备设施、管理规定等信息，提高公众对实验室开放的知晓度和信任度。同时，高校还应该向公众公开实验室的使用流程和注意事项，为外来用户提供便利和安全保障。

1.信息公开原则

信息公开是高校实验室开放的基础和前提。实验室应当及时公开实验室的基本情况、设备信息、使用管理制度、开放时间、费用等相关信息，方便用户及时了解实验室的情况，便于用户选择合适的实验室和设备进行使用。

2.流程透明原则

高校实验室开放的流程透明原则是指在实验室开放过程中，所有涉及用户利益和实验室管理的流程都应该是透明的，便于用户和相关人员了解和监督。实验室应当公开实验室使用、管理、维护等各方面的流程和规定，确保用户和实验室管理人员的权益和义务得到充分保障。

3.规范管理原则

高校实验室开放的规范管理原则是指在实验室开放过程中，实验室管理人员应当按照相关法律法规和管理制度，规范实验室开放管理，遵循合理、公正、公平、透明的原则，确保实验室的正常运行和用户的合法权益。

4.监督公正原则

高校实验室开放的监督公正原则是指实验室应当建立监督机制，监督实验室开放的过程和管理的执行情况。实验室应当受到行政管理部门和社会公众的监督，便于发现问题并及时解决。同时，在实验室的管理过程中，要坚持公正原则，对实验室的所有使用者实行一视同仁的管理，杜绝任何形式的人身攻击和恶意评价。

5.公众参与原则

高校实验室开放的公众参与原则是指实验室应当积极开展公益性科普活动，加强与社会的联系和交流，促进公众对科技创新和实验室工作的认识和理解。同时，实验室应当充分听取公众的意见和建议，为公众提供更优质、更高效的服务。

（二）安全保障原则

高校实验室开放是为了促进科研合作和人才培养，但同时也需要考虑实验室的安全问题。因此，实验室开放必须遵循安全保障原则。

安全意识教育。实验室管理者应该对实验室开放安全进行全员培训，增强实验室工作人员的安全意识，让他们知道实验室安全事故对人身和设备的危害。

严格的人员管理制度。实验室开放对参与人员应该进行严格的身份核实，只有经过核实的人员才能进入实验室。实验室管理者应该对进入实验室的人员进行详细的登记，包括姓名、单位、电话号码等信息，并要求进入实验室的人员遵守实验室规章制度。

设备使用规范。实验室设备的使用必须遵守操作规程，不得进行未经许可的修改或拆卸，不得随意更换设备配件，保证设备的正常运行。

安全保障设施。实验室必须安装完善的安全保障设施，包括消防设施、安全防护设备等。实验室内必须设立明显的警示标志，提醒工作人员注意安全。

应急预案。实验室管理者应该制定应急预案，对实验室内可能出现的突发事件进行预案演练和处理，保证人员和设备的安全。

实验室日常巡查。实验室管理者应该对实验室的安全进行日常巡查，发现问题及时处理，保障实验室的安全。同时，实验室管理者应该要求进入实验室的人员自觉遵守实验室的安全规定，发现安全问题及时向实验室管理人员汇报。

实验室开放的安全保障是实验室管理的重要环节之一，只有确保实验室的安全，才能更好地促进实验室的开放和交流。

（三）自愿参与原则

高校实验室开放自愿参与原则是指参与开放的实验室设施和资源是基于自愿的原则，并充分考虑到参与方的利益和权益。其主要内容包括以下几个方面：

自愿参与：高校实验室开放是建立在自愿原则的基础之上的。任何参与方都应该是出于自愿的，不得被强制参与。

平等协商：参与方之间应该在平等的基础上进行协商，共同制定相关规则和管理制度，并在协商中充分尊重各方的权益和意见。

公正合理：高校实验室开放应该遵循公正合理的原则，不得因为任何因素而歧视或偏袒某一方。同时，开放应该基于合法和合理的基础之上。

自主权利：参与方在开放实验室的过程中应该充分尊重各自的自主权利。高校实验室应该为参与方提供充分的选择空间，允许他们自主决定是否参与和如何参与。

保密原则：在高校实验室开放的过程中，需要遵循保密原则，确保参与方的知识产权和商业机密得到保护。同时，参与方也需要遵守相关保密规定，保护高校实验室的知识产权和商业机密。

总之，高校实验室开放自愿参与原则是确保开放过程公正、合法、平等和充分尊重各方利益和权益的基础。只有在此基础上，高校实验室开放才能够充分发挥其作用，为社会和人类的发展做出更大的贡献。

（四）公平公正原则

公平公正是高校实验室开放的基本原则之一。高校应该坚持公平公正原则，严格按照实验室开放的规定和流程进行管理，不得对不同用户、不同单位或不同学科设置不同的标准和条件。同时，高校应该对实验室开放的收费标准进行公开，并按照实验室开放的相关规定收取费用。

1.公开透明的申请流程

高校实验室应该建立公开透明的申请流程，并在实验室内公示，包括申请材料、审批程序、时间要求、使用要求等。这样做可以使申请人了解申请流程，以及了解提交申请的具体要求和流程，同时也可以让实验室的使用更加公正、公平，避免由于内部关系或其他因素导致的不公正现象的发生。

2.公开透明的申请标准

在申请实验室资源时，高校实验室应该制定公开透明的申请标准，如申请人需要具备的条件、所需的证明文件和材料，以及申请资格的审批标准等。这样可以保证所有申请人都在同一标准下申请，避免出现不公平的情况。

3.公开透明的资源分配原则

在实验室资源分配时，应该遵循公平公正原则，以确保每个申请人的使用机会是平等的。为了实现公平公正，应该设立标准化的资源分配机制，考虑申请人的需要、实验室的资源利用情况、实验室的开放时间和其他因素。此外，应该建立公开透明的分配标准和分配流程，公开公示分配结果，确保资源分配的公正性。

4.公开透明的费用收取原则

在高校实验室开放中，一些资源的使用可能需要收取一定的费用。对于费用的收取，应该遵循公开透明的原则，制定明确的收费标准，公示费用项目和收费标准，确保费用收取的公正性和透明度。同时，应该建立公开透明的费用核算机制，确保费用的使用、管理和核算的公正性。

5.公开透明的评估机制

为了保证高校实验室的开放能够达到公平公正的目的，应该建立公开透明的评估机制。

（1）建立评估标准

为了对高校实验室开放的情况进行评估，首先需要建立一套科学合理的评估标准。这些标准应该考虑到开放的各个方面，包括开放的范围、开放的时间、开放的设备和资源、开放的服务等等。评估标准的建立应该经过广泛的讨论和咨询，以确保其科学性和公正性。

（2）建立评估机构

为了保证评估的公正性和专业性，需要建立一个独立的评估机构。这个评估机构应该由具有丰富经验和专业知识的人员组成，同时应该保证评估机构的独立性，以确保其评估结果的客观性和公正性。

（3）开展评估工作

评估工作应该由评估机构负责，包括对高校实验室开放的情况进行调查和收集数据，对数据进行分析和综合评估，最终形成评估报告。在评估工作中，需要对高校实验室开放的各个方面进行全面、深入的评估，包括开放的范围、开放的时间、开放的设备和资源、开放的服务等等。

（4）公布评估结果

评估报告应该及时公布，以便对外公开透明。同时，应该向高校实验室反馈评估结果，提出改进意见和建议，以帮助高校实验室进一步提高开放的水平和质量。

（五）资源共享原则

高校实验室开放资源共享原则是指在实验室开放的过程中，实验室应该积极推进资源共享，让更多的用户受益。这里的资源可以包括实验设备、仪器、试剂、文献资料等，通过共享这些资源，可以降低研究成本，提高研究效率，推进科学研究的发展。实验室开放资源共享需要遵循以下原则：

建立公平公正的共享机制：实验室应该制定资源共享的具体规则和流程，确保资源分配公平公正。

加强资源管理：实验室应该建立资源管理制度，定期检查和维护设备，保证设备状态良好，提高资源利用率。

优先考虑内部共享：实验室应该优先考虑内部资源共享，即内部研究团队之间资源共享。

鼓励外部共享：实验室应该积极向外界开放，鼓励外部研究团队和企业共享实验室资源。

合理定价：实验室应该合理定价，避免出现资源过度垄断的现象。

保护知识产权：实验室应该保护自己的知识产权，避免资源共享过程中出现被侵犯知识产权的情况。

加强信息共享：实验室应该加强信息共享，建立资源共享的信息平台，为用户提供全面的资源信息。

总之，实验室资源共享是实验室开放的重要组成部分，实验室应该建立公平公正的共享机制，加强资源管理，优先考虑内部共享，鼓励外部共享，合理定价，保护知识产权，加强信息共享，为用户提供更好的资源共享服务。

三、高校实验室开放的途径

（一）开放日

高校定期举办开放日活动是实现实验室开放的一种方式，具体实现步骤可以包括以下内容：

1.制订开放日计划

根据实验室的实际情况和管理需要，制订开放日的时间、内容、范围和参观人员等方面的计划，确保开放日的顺利进行。

2.邀请参观人员

通过校内外宣传和发放邀请函等方式，邀请校内外师生、专家学者、企业代表等参观实验室，扩大实验室的影响力和知名度。

3.组织实验室参观

根据实验室的特点和参观人员的需求，组织实验室参观和讲解，介绍实验室的基本情况、设备和技术，让参观人员了解实验室的实际运行情况。

4.举办学术交流活动

结合开放日，可以组织学术交流活动，邀请专家学者进行学术报告或座谈，加强实验室和学术界的交流和合作，促进学术创新和科技发展。

5.收集反馈意见

在开放日结束后，及时收集参观人员的反馈意见和建议，根据实验室的实际情况进行改进和调整，不断提高实验室的管理和服务水平。

通过定期举办开放日活动，高校可以向公众展示实验室的研究成果和技术水平，吸引更多的合作伙伴和人才，提高实验室的学术和科研水平，同时也可以加强与社会的联系和交流，促进科技成果的转化和应用。

（二）实验室共享平台

可以通过建设实验室共享平台，将实验室资源信息化，让校内外研究团队和企业可以查询和申请实验室的使用，提高实验室设备的利用率。

1.高校实验室开放共享平台建设

对于高校来说，实验室最主要的作用就是实验教学，教师会根据教学大纲开展教学活动，按照规范要求进行示范，学生只要模仿教师的操作方式即可，缺少综合性、设计性的应用，并没有发挥出实验室的作用。传统实验室会对实验内容、时间等做出限制，影响学生个性的发挥，导致学生在实验学习的过程中缺少主动性和积极性，不利于培养学生的创新能力。不仅如此，教师的科研实验室往往采用封闭式管理的模式，只有教师或相关的工作人员才能进入，学生并不能进入或参与实验研究，导致实验室中很多大型精密仪器长时间空置，不仅没有充分利用，还导致设备功能退化，许多优秀的实验资源得不到有效利用。所以，学校应该对实验室的资源进行整合，构建开放共享平台，这样才能提升实验室的利用效率。

所谓实验室开放共享平台，就是可以让教师和学生共同参与的平台，不仅可以开展传统常规的实验活动，学生和教师也可以配合开展科研活动，有兴趣的学生还可以自发组建兴趣小组，自主开展趣味性的实验活动。通过实验室开放共享平台，既可以提升学生实验学习的兴趣，也能培养学生创新创造的能力，使实验室中的资源得到有效的利用，进而充分发挥实验室资源的作用。

2.高校实验室开放共享平台建设和管理的有效措施

（1）增强高校实验室的开放性

为了充分发挥高校服务社会的职能，应该提升高校实验室的开放程度，对高校实验室中的资源进行深入挖掘，充分展现高校实验室的应用价值。为此，可以设置综合性实验课，根据专业内容、社会环境等要素由学生自主设计实验内容，并根据实验需求选择设备和资源。从学生的角度来看，在实验的过程中需要自主准备实验材料并配置相关的药品，在面对实验中存在的问题时，学生要独立解决，这样才能强化学生实践操作的能力。通过综合性实验课，可以给学生提供更多利用实验室实践探索的机会，也能培养学生创新、应用的能力。学校要鼓励教师积极开展科研活动，利用实验室进行科技成果的研究与探索，进而促进教师能力和水平的提升。在对社会开放方面，应该建立有效的开放共享平台，制定完善的开放措施，允许满足条件的社会企业、组织或个人使用高校实验室进行科研活动，从而充分发挥高校实验室的价值作用。

（2）积极进行实验室信息化建设

在信息时代的背景下，高校应该加强信息化、数字化实验室的建设，不仅要增设各种信息化的器材和设备，还要采用信息化的管理方式，构建信息管理系统，全面掌控实验室的使用和开放情况。高校可以利用互联网平台与社会各界或其他院校进行沟通交流，借鉴其他学校的先进经验和知识技术，不断完善实验室管理措施，构建完善的信息化管理体系。

高校可以利用信息技术为教师和学生提供丰富的资源平台，使学生和教师能够更好地开展科研活动。

（3）控制实验室中的安全隐患

在实验的过程中难免会存在一些安全隐患，这些安全隐患不仅会影响实验室的财产安全，还会威胁教师和学生的人身安全。所以，要采取有效的安全管理措施，对实验室中的安全隐患进行控制和防范。一方面，要建立明确的制度规范，确保学生和教师能够根据规章制度有序地开展实验活动；另一方面，要做好设备、药品、材料等资源或器材的管理工作，定期进行设备维护、室内通风、消毒、消防检查等工作，确保实验室内部环境的安全。如果实验过程中需要使用危险药品，一定要遵守相关的技术规范和安全要求。

（4）建立完善的实验室管理体制

实验室管理人员应该充分认识到实验室管理的重要性，并且建立完善的管理体制，坚持以生为本的理念原则，优化和提高实验室的管理效率。从领导层的角度来看，要安排专门的管理人员，确保管理人员具备管理能力和丰富的经验，同时制定有效的激励政策，鼓励管理人员不断创新管理方法和管理措施。在资源共享方面，应该建立完善的共享平台，扩大资源共享的范围。首先，要加强管理人员的培训工作，定期进行实验室设备、设施的维护和检查，确保实验室内部各项资源的完整性；其次，要投入更多资金资源，为实验室管理工作的落实提供保障，同时促进管理工作的优化创新。

3.高校实验室开放共享平台建设和管理的发展趋势

（1）信息化

在高校培养科研人才和创新科技的过程中，必须进行实验室信息化管理，通过智慧化校园的建设和教研改革的推进，为实验室信息化管理奠定基础。要充分发挥大数据、云计算等现代化技术的作用，构建实验室信息化管理平台，以数据库为基础，结合现代信息化管理工具，实现实验室智慧信息化管理。通常，高校实验室信息化管理平台包括资源管理、安全管理和考核评价管理三个部分。其中，资源管理主要负责仪器的申报、审批、采购等内容的管理，采用全生命周期管理模式，使实验室资源管理更加全面和规范。安全管理则包括危险源管理、应急预防设置的配备等。要对危险等级进行明确的划分，针对不同的危险等级展开相应的培训和考核，使学生和教师可以有效地应对各类安全问题。应该设置门禁授权系统，根据门禁权限控制实验室人员，明确实验室的准入机制和退出机制，全面确保实验室的安全性。在考核评价方面，明确对实验室技术人员的技术能力、管理水平等进行综合考核，还要评价实验设备的使用效益、实验室共享开放程度等。通过构建信息化平台，可以全面提升管理效率、改善管理质量，为实验室的开放奠定良好的基础。

（2）规范化

高校实验室的安全与学校事业的发展有直接关系，所以必须采取有效的安全管理机制，切实做到"消除事故隐患，构筑安全防线"，对风险化解和防范的主动权进行掌控，构建有效的责任机制和管理体系。在责任机制方面，学校可以针对实验室的使用人群制定准入制度，按照"谁使用、谁主管、谁负责"的原则，明确各个工作岗位的职责，确保各项管理工作的准确落实。在监督管理方面，可以构建监督、使用和管理的三位一体制度体系，制定明确的使用要求、管理规范、检查规范、应急预案、责任追究方案等，根据专业学科的要求和特点，对不同的实验安全细则进行详细的阐述和说明，尤其要加强实验监控，从源头减少安全隐患。此外，还要加强安全教育和宣传工作，可以建立安全教育考试系统，鼓励各个实验室根据专业教学的内容和特点安排安全教育时间、内容和方式。在学生进行实验之前，要对学生进行宣传教育，课后要组织学生进行安全演习，确保学生操作的规范性，同时提升学生的安全意识，降低实验危险事故的发生概率。在高校实验室开放共享平台建设的过程中，只有保障实验室安全，才能确保开放共享的有效性。

（三）科研项目合作

高校可以与企业、政府机构等单位开展科研合作项目，借助实验室设备和技术优势，加快科研成果的转化和应用。具体来说，高校可以通过以下方式实现实验室开放：

1. 科研合作项目

高校可以与其他研究机构或企业合作开展科研项目，项目中可以涉及实验室开放和设备共享等内容。

2. 联合实验室

高校可以与其他高校或研究机构合作建立联合实验室，实现实验室设备和资源的共享，提高实验室的利用率和科研水平。

3. 开放科技平台

高校可以建立开放的科技平台，为其他机构和企业提供实验室设备和技术服务，实现资源共享和科技创新。

4. 产学研合作

高校可以与企业合作开展产学研合作项目，项目中可以涉及实验室开放和设备共享等内容，促进产学研合作和科技创新。

总之，高校可以通过与其他机构和企业的合作，实现实验室的开放和设备的共享，促进资源共享和科技创新，提高实验室的利用率和科研水平。

（四）开放式实验教学

高校可以采用开放式实验教学模式，将实验教学纳入课程体系，让学生有更多机会接触和了解实验室设备和研究方向。

1. 统筹规划，完善管理机制

建立健全管理机制是优化实验室管理、促进开放式实验教学的前提，针对当前很多高校实验室开放机制不完善等问题，关键是要全面理顺实验室管理体制。

具体而言，一方面，要求有关教育部门要加强政策导向，制定全面推进开放式实验教学、开放式实验室建设的政策与文件，为高校实验室建设与管理提供政策引领；另一方面，高校要设立统一的实验室管理机构，负责对各学科实验室开放、开放式实验教学工作进行统筹规划、稳步推进，协调好各学科实验室间的优势互补、协同发展，实现实验资源的有机整合、优化配置，既要提升资源利用率，又要解决各实验室实际困难，避免资源浪费与冗余，确保实验室正常运行，避免造成教研工作的混乱；此外，要加快推进智慧实验室建设，搭建公共信息平台，确保实验室各项管理信息及时、有效共享，还要积极推行实验室管理"三自模式"，即自我组织、自主学习、自由开放，以学生管理团队为主，同时辅以教师指导的方式开展实验学习与实验室管理。

2. 加大投入，深化资源共享

针对实验室运转经费严重不足，一方面，高校要争取政府有关部门的支持，使之持续加大对高等教育投资的力度，以改善各专业、学科及科研平台实验室环境及条件，与此同时，高校可设置开放式实验室建设专项资金，专门用于开放式实验教学过程中实验材料的消耗、设备的运行维护及实验指导教师的劳动酬金等消耗，保障开放式实验教学的顺利开展；另一方面，高校要进一步深化实验室资源共享，通过对相关专业、相近课程进行整合、重组，实现实验室资源的高效整合与优化配置，促进实验室逐步由传统的单一粗放型转向开放集约型。同时，高校要全面推行设备"专人专责"制，由学生与实验室签订借用协议，确保设备在开放式实验教学过程中的安全与完好。

此外，实验室要加快建立完善的资料流转制，鼓励毕业生将实验资料如图书、电子信息资料、软件等无偿留给实验室学弟学妹，确保实验各项资源充分共享。

3. "理实结合"，优化实验内容

针对很多高校重理论轻实践，实验内容单一、范围狭窄，缺乏学科综合性、交叉性与创新性等问题，关键是要加强"理实结合"，优化实验内容。

一方面，高校要结合创新型人才培养要求及开放式实验教学目标，依循实验基础性、综合性及教学开放性、自主性原则，对实验教学内容进行设计、调整和补充，将开放式实验教学内容细化为基础训练、综合设计、探索研究等多个层次，并借助实验室信息平台发布开放实验的内容，供学生自主选择所需项目，学生也可自行拟定实验项目方案，经申请批准后可组织开展实验。

另一方面，开放式实验教学所设计内容既要注重与交叉学科实验的有机结合，鼓励跨学科分析与问题研讨，以提升学生探索精神及跨学科创造性素质，又要注重与课外科技活动的有机结合，通过丰富多彩的科技竞赛、科研项目、双创计划、学术讲座等课外活动提升学生的科技意识、协作精神及实践能力，还要注重与科研项目的有机结合，通过将学生实验设计与课程论文、毕业论文、毕业实习等与教师科研项目结合，提升学生的"理实一体化"应用能力。

4. 协同合作，推进师资建设

为使高校成为优秀人才的汇聚地，使实验室成为高新技术成果转化的基地，高校要加强与企业的协同合作，使之参与到人才培养与实验师资建设工作中来。

一方面，要坚持"走出去"与"引进来"相结合，通过专兼结合，采用校企双方人员互访、定期培训等形式，跨越组织边界开展深度合作，既要为行企专家提供必要的教学技能培训，推动行企精英向实验师资队伍的有效输入，又要遴选骨干实验指导教师深入企业实习实践，以提升其专业实践能力。

另一方面，要加快完善实验师资队伍建设保障机制，建立专家决策、学科领头人领衔、核心课程教师教授等制度，打造一支集实验理论、实验指导、相关科研、实验技术"四类"教师于一体的实验师资队伍，并持续优化队伍组成结构、年龄结构，促进师资队伍的可持续发展。

（五）公共技术服务平台

高校可以建立公共技术服务平台，为校内外研究团队和企业提供技术支持和服务，推动科技创新和成果转化。

1. 公共技术服务平台概述

公共技术服务平台是指依托于政府、企业、高校等机构，整合各类科技资源，为企业和社会提供科技咨询、技术开发、技术服务、成果转化等服务的综合性技术服务平台。公共技术服务平台的建设旨在促进技术创新和产业转型升级，提升企业技术创新能力和竞争力，加强科技成果的转化和应用。公共技术服务平台具有资源共享、技术交流、成果转化等功能，可以有效地推动科技成果向产业化、市场化方向转化。

2. 公共技术服务平台与高校实验室开放的关系

高校实验室是科研机构和教学机构的重要组成部分，是培养人才和推动科研的关键基础设施。高校实验室拥有丰富的科技资源和技术能力，但由于种种原因，实验室开放和资源共享存在一定的限制。而公共技术服务平台则提供了一个可供高校实验室开放的渠道，可以实现资源共享、技术交流和成果转化，从而扩大实验室的应用范围和影响力，提高实验室的科研水平和社会服务能力。

3. 公共技术服务平台对高校实验室开放的意义

公共技术服务平台是指通过信息技术手段构建的开放式服务平台，为企业、高校、研究机构等提供技术支持、人才培养、资源共享等服务。对于高校实验室开放而言，公共技术服务平台具有以下意义：

（1）提供便利的服务通道

公共技术服务平台具有便捷的服务通道和信息共享机制，高校实验室可以通过平台发布实验室设备、技术服务等信息，企业或其他研究机构可以通过平台查询相关信息并直接联系高校实验室，实现快速、高效的合作交流。

（2）增加合作机会

公共技术服务平台具有广泛的覆盖范围和强大的信息传播能力，可以将高校实验室的优秀技术和资源展示给更多的企业和研究机构，增加合作机会。

（3）提升高校实验室的知名度和影响力

公共技术服务平台是一个公开、透明的平台，高校实验室通过平台展示实验室的优势和成果，可以提高实验室的知名度和影响力，增强实验室的品牌价值和竞争力。

（4）加强资源共享

公共技术服务平台为高校实验室提供了一个资源共享的平台，高校实验室可以通过平台共享设备、技术、人才等资源，降低成本、提高效率，同时也可以从平台上获取其他实验室的资源，实现资源的优化配置和互惠共赢。

综上所述，公共技术服务平台对于高校实验室的开放具有重要的意义，可以为实验室提供更广阔的合作空间和发展机遇，同时也可以促进技术创新和人才培养，加强资源共享，提升实验室的影响力和竞争力。

第三节　高校实验室合作的方式和机制

高校实验室可以通过多种方式和机制开展合作，以共同推进科学研究和技术创新。以下是几种常见的合作方式和机制：

一、联合研究项目

高校实验室可以与其他高校、企业、政府机构等共同申请科研项目，共同开展研究工作，以推进科学研究和技术创新。具体来说，高校实验室联合研究项目可以从以下几个方面入手：

（一）联合研究项目的形式

联合研究项目可以是基于某个具体科学问题的研究，也可以是基于某个具体技术应用的研究，还可以是基于某个具体产品的研究等。在确定联合研究项目的形式时，需要根据各方的研究方向和需求来确定，以达到最优的研究效果。

1.联合申请科研项目

高校实验室可以与其他高校、企业、政府机构等共同申请科研项目。这种形式的合作可以共享研究经费和人力资源，避免了重复建设实验室和设备，实现资源优化配置和科技成果共享。

2.联合开发新产品

高校实验室可以与企业合作，共同开发新产品。高校实验室可以提供先进的研究设备和技术支持，企业则可以提供市场需求和生产能力。这种形式的合作可以促进科技创新和产业升级，推动科技成果转化。

3.联合开展技术培训和人才培养项目

高校实验室可以与企业合作，共同开展技术培训和人才培养项目。高校实验室可以提供最新的技术知识和实践经验，企业可以提供实际应用场景和职业发展机会。这种形式的合作可以促进人才培养和产业发展，提高技术工人和专业人才的技能水平。

4.联合建设实验室和研发中心

高校实验室可以与企业共同建设实验室和研发中心。高校实验室可以提供最新的研究设备和技术支持，企业可以提供市场需求和研发经验。这种形式的合作可以促进产学研深度合作，加速科技成果转化。

5.联合推进科研成果转化

高校实验室可以与科技企业、投资机构等合作，共同推进科研成果的转化。高校实验室可以提供先进的研究设备和技术支持，企业和投资机构则可以提供市场需求和资金支持。这种形式的合作可以促进科技成果转化和科技创新的落地。

（二）研究内容的确定

在高校开放实验室联合研究项目中，研究内容的确定是非常关键的一步。其重要性在于，研究内容的合理性和可行性将直接决定项目的成败，也将对项目的实施进程和最终效果产生深远影响。

1.根据研究需求确定研究方向

高校开放实验室联合研究项目的研究内容应该是在满足研究需求的前提下确定研究方向。这个研究需求可能来自政府、企业或者学术机构等不同的需求方。对于高校实验室来说，需要对需求方的研究需求进行充分的了解和分析，明确需求方的研究目标和实现路径，进而确定项目的研究方向。同时，在确定研究方向时还需考虑研究所需要的资源、技术、人才等条件，保证项目的可行性。

2.明确研究内容的范围和深度

在高校开放实验室联合研究项目中，研究内容的范围和深度也是需要确定的。这主要涉及项目研究的具体内容和研究的深度程度。对于研究内容的范围，需要明确具体研究的领域和范围，同时结合实际情况，进行适当的限制和界定。在研究深度方面，则需要结合研究需求和项目目标，确定研究的深度，包括研究的重点和难点。

3.确定研究方法和技术路线

高校开放实验室联合研究项目的研究内容不仅包括研究的内容和范围，还需要确定研究方法和技术路线。这需要根据研究内容的具体情况，选择适当的研究方法和技术路线。同时，在确定研究方法和技术路线时，也需要结合项目的实际情况和研究需求，对所需的技术和设备进行充分的分析和评估。

4.制订研究计划和时间表

确定研究内容后，联合研究项目团队应该制订详细的研究计划和时间表，明确研究的进程和时间节点。这将有助于研究的顺利进行，并及时发现和解决研究中出现的问题。

在制订研究计划和时间表时，需要考虑到每个合作单位的时间和资源限制，以及合作单位之间的协作和配合关系。应该确定每个合作单位的具体任务和责任，明确各项工作的完成时限，以及各项工作之间的先后顺序和关联性。

同时，联合研究项目团队应该设定研究的里程碑，以便及时评估项目的进展情况，并对后续的研究工作进行调整和优化。在项目中设立阶段性目标和评估机制，能够帮助团队及时发现和解决问题，从而确保项目能够按时完成。

制订研究计划和时间表需要注意以下几点：

合理安排时间：在确定研究计划和时间表时，应该充分考虑到各项工作的时间限制，包括采样、实验、数据处理、论文撰写、审核等。同时，也要考虑到项目的总时间限制，确保项目能够在规定的时间内完成。

制订具体目标：研究计划和时间表应该明确项目的具体目标和研究内容，并将其分解成可行的任务和步骤，以便更好地管理项目的进展。

分配任务和责任：每个合作单位应该分配具体的任务和责任，以确保项目的顺利进行。同时，还需要确定团队成员之间的沟通和协作方式，以确保工作的高效完成。

设立阶段性目标和评估机制：研究计划和时间表应该设立阶段性目标和评估机制，以便及时发现和解决问题，并优化项目的进展。同时，还需要充分利用项目中的数据，以评估和优化项目的进展。

不断更新和调整研究计划和时间表：研究计划和时间表应该是动态的，并随着项目进展不断更新和调整。这将有助于确保项目能够按时完成，并充分利用项目中的数据和成果。

（三）合作方式和机制

在确定联合研究项目的合作方式和机制时，需要考虑各方的实际情况和需求，以达到合作的最大效益。可以选择以技术交流、共同研究、人员互换、设备共享等方式开展合作。

1. 研究合作的类型

在确定研究合作方式时，需要考虑研究的内容和目标、合作伙伴的专业领域、资源分配等因素。常见的研究合作类型包括纵向合作和横向合作。

纵向合作是指在研究项目中，高校实验室与企业、政府机构等纵向合作，共同完成研究任务。这种方式可以充分利用企业和政府机构的资源和经验，提高研究成果的实用性和应用价值。

横向合作是指在研究项目中，高校实验室与其他高校、研究机构等横向合作，共同完成研究任务。这种方式可以充分利用各合作伙伴的专业领域和技术优势，提高研究成果的学术水平和科研质量。

2. 研究合作的方式

在研究合作方式的选择上，需要考虑合作伙伴之间的关系、研究内容和目标、研究任务和资源分配等因素。常见的研究合作方式包括研究合作协议、联合研究中心、共同实验室等。

研究合作协议是指合作伙伴之间签署的关于研究任务、资源分配、研究成果共享等方面的协议。这种方式可以在不影响各合作伙伴自主研究的前提下，实现研究任务的共同完成。

联合研究中心是指由多个高校、研究机构、企业等共同组建的研究机构，旨在共同完成研究任务、共享研究资源和提高研究成果的应用价值。

共同实验室是指由多个高校、研究机构、企业等共同建设和运营的实验室，旨在提供实验设备、资源和技术支持，共同完成研究任务、提高研究成果的质量和应用价值。

3.研究合作机制

高校开放实验室联合研究项目中，研究合作机制是确保项目顺利进行和达成共同研究目标的关键因素之一。在研究合作机制方面，以下是一些常见的形式和要点：

研究团队的组建：在确定研究方向和内容之后，需要组建研究团队，包括各方的研究人员、技术人员和管理人员等，以确保研究的顺利开展和高质量的研究成果。

任务分工和责任划分：研究团队需要根据各方的专业背景和技术实力，合理分工，确定各方在研究项目中的责任和任务，确保各项研究任务得以有效推进。

研究进度和成果汇报：研究团队需要在研究过程中定期进行进度汇报和研究成果交流，及时发现问题和解决方案，确保研究任务能够按时完成并达成预期目标。

知识产权的保护：在研究过程中，需要明确各方对研究成果的知识产权归属和分配方案，以避免因知识产权纠纷导致研究合作的失败。

研究成果的共享和应用：在研究合作结束后，需要明确各方对研究成果的共享和应用方式，确保研究成果能够得到充分应用和推广，从而实现研究合作的共赢。

总之，研究合作机制需要充分考虑各方的利益和需要，建立和完善科学的管理和监督机制，确保研究合作的高效性和可持续性。

（四）合作方的选择

在确定联合研究项目的合作方时，需要综合考虑各方的研究实力、研究方向、研究需求等因素，选择与本实验室研究方向和需求相匹配、实力较强的高校、企业、政府机构等为合作方。一般来说，合适的合作方应该满足以下几个方面的条件：

1.高校合作方

在高校开放实验室联合研究项目中，选择其他高校作为合作方是常见的做法。这种合作方式可以在学术领域进行共同研究，共享研究设备和资源，提高研究水平和学术影响力。此外，高校间的合作也有利于实现教学资源共享和互补，推进学科交叉和融合。

2.企业合作方

选择企业作为合作方是一种常见的选择，尤其是在应用研究方面。企业通常具有更强的资金和技术支持，能够为研究提供更多的资源和技术支持。同时，企业还能为研究提供商业应用的视角和方向，提高研究成果的实用性和市场竞争力。

3.政府机构合作方

政府机构通常具有行政和政策支持的作用，能够为研究提供更多的政策支持和资源投入。选择政府机构作为合作方，可以更好地促进政策与研究的协调和互动，加速科技成果的转化和应用，提高研究的社会效益。

在选择合作方时，还需要考虑合作方的背景、实力和研究方向是否与自身的研究方向和需求相符合。选择合适的合作方，有助于提高研究成果的实用性和转化效率，促进研究领域的进一步发展。

（五）项目管理和执行

在联合研究项目的执行过程中，需要建立起完善的项目管理和执行机制，明确各方的责任和义务，建立起高效的信息共享和沟通机制，确保项目的进展和成果的取得。

首先，需要明确项目管理和执行的责任和权利，明确每个参与者的职责和任务，以确保每个人都清楚自己需要做什么，以及他们所负责的部分对于整个项目的贡献。

其次，需要建立一个高效的信息共享和沟通机制。该机制应包括定期会议、邮件沟通、电话会议等方式，以确保所有参与者都能够及时获取项目的进展情况、任务进度和其他必要的信息。同时，该机制还应该包括一些在线工具，如项目管理软件、在线文档共享平台、视频会议等，以提高信息共享和沟通的效率。

再次，需要建立一些有效的风险管理措施，以应对项目可能面临的各种问题和挑战。这些措施应该包括识别和评估风险、建立应急预案、制定决策程序和流程等。

最后，需要定期进行项目评估和反馈，以检查项目是否按照计划进行，并根据结果进行调整和改进。这将有助于项目的顺利完成，并提高未来项目的成功率。

二、共享实验室

高校开放共享型实验室的开放使用对高校的发展至关重要，传统的实验室管理方法已不能适应新时代发展的需求。

（一）开放共享型科研实验室智慧化管理的必要性

开放共享型实验室往往规模较大，根据功能下设多个平台。以人力为主的传统实验室管理已无法满足实验室发展的需求，其劣势也是显而易见的，比如实验室的使用数据不透明、实验室管理者和使用者信息不对称、实验室利用率低、实验室仪器设备维修效率低、实验室管理人员工作量大等，其中因为实验室使用情况不透明而经常会出现仪器设备长时间闲置不用或者是同一时段使用同一实验室、同一仪器等问题。

在当前智慧化时代背景下，我们有必要将智慧化理念应用于实验室的管理当中，从而提升实验室的管理效率，提高实验室开放程度和服务质量水平。实验室的智慧化管理模式替代了传统的人工管理方式，使工作流程得到简化，工作效率和服务质量得到提高，推动了实验室管理方式先进化和高效化。通过智慧化管理，管理人员能够极为方便、快捷地对各种信息数据进行统计、查看，并实现集中管理和统一调配实验资源，极大提高了实验室的使用率，减少了管理人员的工作量，并且也有助于节约实验室正常运行成本。

（二）开放共享型科研实验室智慧化管理的具体方法

1. 实验室管理制度建设

实验室信息化建设首要考虑的就是制度建设的问题，制度是重要且关键的一步。开放共享型科研实验室定位于服务型实验室。因此，我们应该要结合高校实际情况和社会需求，紧跟当前经济发展的新潮流，不仅把实验室的功能局限于科研、教学及技术服务等，而且要看到实验室发展的一种趋势和必然，增强社会开放力度，提高社会服务水平，助力区域经济发展。高校开放共享型科研实验室可以与企业加强沟通，深度合作，及时掌握社会需求，了解企业亟待解决的困难和问题，共同进行科技创新，增强科技转化率，更好地服务社会。通过产学研深度融合，激发高校开放共享型科研实验室的创新活力，增强科技要素的共享，促进区域产业升级和地方经济蓬勃发展。基于以上实验室的定位与功能，各项规章制度都要一一重新修订，如实验室安全准入制度、仪器预约使用制度、危险化学品使用管理流程等，各项制度均要根据信息化需要做实做细，真正做到有制可依、有规可守、有序可循。

2. 实验室入室人员管理

"人、财、物"管理三要素中，首先要对人员形成有效管理，才能为科研提供更优质的服务。开放共享型实验室具有人员流动性强、管理难度大的特点，传统的人工管理方法不仅耗时、耗力，还容易出错。入室实验人员的智慧化管理可实现网上入室预约、考核、缴费、退室等一系列流程，一方面入室人员线上即可完成从入室到出室的整个流程，方便快捷，另一方面，可极大提高实验室管理人员的工作效率，精准高效。实验室安全准入制度是高校实验室安全管理的首要环节，是高校实验室功能实现中基础性和极为重要的根本制度。因此，所有在实验室进行实验的人员都必须参加中心组织的安全培训与考核，考核合格后经授权才能进入实验室进行实验。

在实验室开展实验的人员根据其特点主要分为两类：第一，需要长期在实验室开展实验的人员称为"入室型"；第二，只使用实验室仪器的人员称为"仪器使用型"。入室型人员主要为各导师招收的硕士、博士，他们长期在科研平台开展实验工作，一方面协助导师完成科研任务，另一方面，也完成自己的学业。这部分人员需经过导师同意，实验室管理者培训考核合格，方可进入实验室开展实验。仪器使用型人员使用仪器前须进行仪器培训、考核合格，经授权后才能使用该仪器。这部分人员根据该实验人员的实验内容、计划使用哪些仪器设备、使用次数等信息，须经仪器预约、登记来进行仪器使用。

3. 实验室仪器共享的智慧化管理

开放共享型科研实验室实施共享管理，最大限度地保障仪器设备资源的开放共享使用，使得仪器的利用率显著提高。与此同时，实验仪器的损坏率也会较之前提高许多，因此实验室需要格外注重实验室仪器设备的维护维修管理问题，特别是需要额外增加仪器维护、维修等费用。在这种情况下，高等院校开放共享型科研实验室可以通过有偿使用实验室仪器作为部分实验室仪器维护、维修资金。

在进行对外共享使用时，仪器使用人员必须要通过实验室的相关仪器培训、考核、授权，具备仪器使用资格的人员才可以共享使用该仪器；仪器使用实行提前预约制度，必须要有预约才能顺利共享使用，合理分配时间，提高仪器使用率。同时，根据不同仪器的使用特点，我们对仪器使用实行分级管理。对于一些大型测试仪器，我们采用系统预约、送样测试的管理方式，避免对仪器使用的干扰，同时合理安排仪器使用时间（这部分仪器设备纳入有偿使用管理仪器范围），还创建仪器设备信息管理数据库，用来存放实验设备基本信息、实验仪器使用情况和实验仪器故障等信息，其有偿使用收费模式也采用创新的 block 计费模式。我们以 15min 为一个计费单位，即一个 block，极大降低了碎片化时间，通过线上、线下相结合的管理模式，降低了两次预约时间的碎片化时间，有效提高仪器使用效率。而有些对操作有一定要求的仪器，我们进行集中培训考核合格后，管理教师授权使用管理资格，预约使用（这部分仪器，也可以创建仪器设备信息管理数据库，但不纳入有偿使用范围）。

而对于那些操作相对简单、测试时间短的中小型仪器，我们实行区别化管理，允许有使用资格的实验者直接使用，以有效节省流程，将时间释放给实验者（这部分仪器也属于无偿使用范围，使用完做好登记即可）。对于建有信息数据库的仪器设备，我们可以根据数据库内历史数据信息的分析，提前制订仪器设备维护计划，从而保证实验室仪器维持良好的使用状况，为教学和科学研究活动的开展提供保障。如此一来，既部分解决了信息化平台建设实验室仪器的维护费用，还可以更好维护实验室仪器的使用和运作情况，一举两得。

4. 实验室安全的智慧化管理

近几年，高校实验室安全事故时有发生，严重影响科研人员生命财产安全及科研事业的发展，所以安全管理工作为实验室工作的重中之重。高校实验室安全管理工作在空间维度上要实现"横向到边，纵向到底"，不留死角；在时间维度上要实现实时掌控实验室的基本安全情况，真正做到事前预警、预防为主。这就必须依靠智慧化的手段，建立全面、准确、动态的实验室安全管理信息系统，运用大数据技术，实现实验室安全管理全方位覆盖，最大限度杜绝安全隐患，保障实验室安全。教师在实验室准入环节就应高度重视实验室安全，在培训、考核过程中置安全于第一位，将安全深植实验人员的潜意识当中。此外，开放共享型科研实验室内的化学品具有种类多、使用人员流动性强等特点，一直以来都是实验室安全管理的重中之重。近年来，为规范管理，许多国内高校已建立了化学品在线采购与管理平台，用信息化手段记录各类危险化学品的申购、使用、存放和回收全过程，实现化学品全程管控，可极大降低安全隐患，保障实验室安全。

三、联合人才培养

高校实验室可以与其他高校、企业等联合开展人才培养项目，共同培养高水平人才，以推动科学研究和技术创新。具体而言，联合人才培养可以从以下几个方面入手：

（一）联合人才培养目标的确定

高校实验室与合作方可以共同确定联合人才培养的目标，明确培养的专业领域、人才类型和培养方向等，为后续的培养计划制订提供基础和依据。

1.增强人才的实践能力

联合人才培养的目标之一是通过实验室开放和资源共享，提供更广泛的实践机会，在实践中促进学生实践能力提升，不断提升实践技能和水平。

2.培养创新思维和创新能力

高校实验室开放联合人才培养的另一个重要目标是培养学生的创新思维和创新能力。通过与其他高校、企业和政府机构合作，学生可以接触到更多的新技术和新思维，促进学生的创新思维和实践能力的提升。

3.提高学生的综合素质

联合人才培养还可以帮助学生提高综合素质，包括沟通协作能力、团队协作能力、创新能力、实践能力、领导能力等。通过与其他高校、企业和政府机构的合作，学生可以接触到更多的不同领域的专业知识和工作经验，从而提高自身的综合素质。

4.增强学生的职业竞争力

联合人才培养还可以帮助学生增强职业竞争力。通过与企业和政府机构的合作，学生可以更好地了解市场需求和职业发展方向，从而更好地为自己的未来职业规划做好准备。

5.推动产学研结合

高校实验室开放联合人才培养还可以推动产学研结合。通过与企业和政府机构的合作，可以更好地将学术研究成果转化为实际应用，促进产业升级和创新发展。

因此，高校实验室开放联合人才培养的目标不仅是为学生提供更好的实践机会和培养其实践能力，更重要的是培养学生的综合素质、创新能力和职业竞争力，促进产学研结合和创新发展。

（二）联合人才培养计划的制订

高校实验室和合作方可以根据联合人才培养目标，制订具体的人才培养计划，明确培养课程、教学内容和实践环节等，从而确保联合人才培养计划能够顺利实施。

1.确定合作方式和合作内容

合作方式包括联合培养、联合招生、联合研究等，合作内容包括教学、科研等领域。

2.确定培养目标

确定培养目标是联合人才培养计划的重要组成部分。联合人才培养的目标应该充分考虑到合作方的需求和各自的优势，同时也要符合国家和地方经济社会发展的需要。

3.制订培养计划

制订联合人才培养计划是联合人才培养的关键步骤。联合人才培养计划应该明确培养的方向和目标、具体的培养计划和培养方法，包括学术交流、实践培训、指导和评估等内容。

4.确定培养阶段和流程

联合人才培养应该明确培养阶段和流程，包括学科专业选择、培养计划制订、培养方案实施、毕业论文（设计）撰写等环节。

5. 制定管理机制

联合人才培养计划应该建立相应的管理机制，明确各方的职责和权利，制定合理的管理办法，确保联合人才培养计划的顺利实施。其中，合作方应该明确责任，积极配合培养工作，共同推进联合人才培养计划。

6. 确定评估机制

联合人才培养计划应该建立相应的评估机制，对联合人才培养计划进行定期的评估和检查，及时发现问题并改进，确保联合人才培养计划的顺利实施。评估结果应该及时向各方通报，以便对培养计划进行调整和改进。

（三）联合人才培养教学环节的实施

高校实验室和合作方可以联合开设课程、组织实践环节等，共同参与学生的培养。通过资源共享和互动交流，提高学生的实践能力和创新思维能力，培养跨领域、跨机构、跨地域的综合素质。主要包括以下几个方面：

1. 课程设置和教学内容

在联合人才培养计划中，需要制订具体的课程设置和教学内容，根据不同的学科和专业，结合各合作方的实际需求，制订适合联合培养的课程体系和课程内容。教学内容应该包括理论和实践两个方面，既要注重学生的理论基础，又要注重培养学生的实践能力和创新能力。

2. 教学资源的共享

在联合人才培养计划中，各合作方应该充分利用各自的教学资源，实现资源共享，提高教学效率和质量。例如，高校可以为企业和政府机构提供先进的实验设备和科研资源，而企业和政府机构则可以为高校提供实践环节和工作机会，让学生更好地了解实际工作和市场需求。

3. 实践环节的组织

联合人才培养计划需要注重实践环节的组织，让学生通过实践活动更好地了解理论知识的应用和实际操作技能的培养。例如，可以组织学生参观企业和政府机构，了解实际工作流程和生产流程；也可以为学生提供实习机会和实践项目，让学生参与实际的项目研发和解决实际的问题。

4. 指导教师的培训

在联合人才培养计划中，需要对指导学生的教师进行培训，提高其在实践环节中的指导能力和实践经验。可以组织教师参加专业培训和工作坊，让教师了解行业前沿和最新技术，提高其实践操作能力和指导学生的水平。

5. 评价机制的建立

在联合人才培养计划中，需要建立完善的评价机制，对学生的学习成果和综合素质进行评估和反馈。评价机制应该既考核学生的理论水平和实践能力，又考核学生的团队协作能力和创新能力，全面评价学生的综合素质和成长。

（四）联合人才培养实践环节的开展

高校实验室和合作方可以共同开展实践活动，为学生提供更多的实践机会和实验室资源，促进学生对实践技能的掌握和创新能力的提升。具体而言，联合人才培养实践环节的开展需要考虑以下几个方面：

制订实践计划和方案。实践计划和方案应根据联合人才培养计划的要求，结合实际情况进行制订。实践计划和方案应明确实践目标、任务、时间、地点、参与人员等内容，并应与联合人才培养计划相衔接，保证实践环节与理论学习的结合。

确定实践导师。实践导师是学生在实践过程中的指导者，应具有丰富的实践经验和教学经验。为了保证实践导师的素质和能力，应采取严格的选拔和培训制度，确保实践导师能够为学生提供专业的指导和支持。

提供实践资源。实践环节需要一定的实践资源支持，包括实验室、设备、资料、经费等。在实践环节的开展过程中，需要保证实践资源的充足和合理利用，以确保学生能够获得最佳的实践体验。

制订实践安全措施。实践环节的开展需要注意实践安全问题。在实践计划和方案中应制订相应的安全措施，并建立安全管理机制。实践导师和学生需要接受相关安全培训和指导，确保实践环节的安全进行。

组织实践评估和反馈。实践环节的开展应建立相应的评估和反馈机制，对实践过程进行监测和评估，并提供有效的反馈。评估和反馈结果可以为后续实践环节的改进提供指导，并帮助学生更好地了解自己的实践表现和问题。

通过以上的措施和方法，可以促进联合人才培养计划的顺利开展，培养出更多具有实践能力和创新能力的高素质人才。

四、技术转移合作

高校实验室可以与企业、政府机构等开展技术转移合作，将实验室研发成果应用于生产实践，推进科技创新和经济发展。

高校开放实验室可通过技术转移合作，将高校实验室的科研成果与企业的生产需求结合，实现技术的转化和产业化，推动科技创新和经济发展。以下是技术转移合作的相关内容：

（一）技术成果的评估

技术成果的评估是指对技术成果进行评价、鉴定和认证，以确定其在市场应用和推广方面的价值和效果。在高校开放实验室技术转移合作中，技术成果的评估是非常重要的一环，它直接关系到技术转移合作的成功与否。

技术成果的评估可以分为技术评估和商业评估两个方面。技术评估主要针对技术成果的技术先进性、可行性和可操作性等方面进行评估；商业评估主要针对技术成果的市场需求、商业价值和市场竞争力等方面进行评估。

对于技术评估，需要考虑技术的成熟度、技术的实用性、技术的稳定性、技术的可靠性、技术的经济性等方面。在评估过程中，需要对技术成果进行实验验证、技术测试、技术检测等一系列的实验和测试，以保证技术成果的可靠性和可行性。

对于商业评估，需要考虑市场的需求、市场的规模、竞争对手的情况、市场的前景、技术的商业化程度等方面。在评估过程中，需要对市场进行调研、分析市场情况、制定市场策略等，以保证技术成果的商业价值和市场竞争力。

同时，技术成果的评估需要依据不同的技术类型和应用领域进行评估。对于不同类型的技术成果，可以采用不同的评估标准和方法。

在高校开放实验室技术转移合作中，评估过程需要由专业的评估机构进行评估，评估结果需要得到专业机构的认可和证明。评估结果将直接影响到技术转移合作的合作方式、合作模式和商业化进程等方面。

（二）寻找合作伙伴

高校实验室需要通过多种途径寻找潜在的合作伙伴，如参加科技展览会、与行业协会、企业和政府机构等建立联系，了解市场需求和技术动向，寻找与实验室技术相关的企业合作伙伴。寻找合作伙伴是技术转移合作的重要步骤，其关键在于确定合作伙伴的类型和特点，以便更好地匹配技术成果和市场需求。常见的合作伙伴类型包括企业、政府机构、创业团队、投资机构等。

在寻找合作伙伴时，可以从以下几个方面入手：

市场调研：了解市场需求和竞争情况，确定技术转移方向和目标，为寻找合作伙伴提供指导。

建立网络平台：通过各种方式建立合作伙伴的网络平台，包括社交媒体、专业网站、产业联盟等，加强合作伙伴之间的交流和合作。

参加技术展会和研讨会：参加行业内的技术展会和研讨会，展示技术成果，寻找合作伙伴，了解市场需求和竞争情况。

寻求专业机构帮助：寻求专业技术转移机构或中介机构的帮助，借助其丰富的资源和经验，寻找合适的合作伙伴。

与潜在合作伙伴建立合作关系：通过面谈、会议等方式，与潜在合作伙伴建立合作关系，了解其需求和资源，促进技术转移合作的达成。

与相关产业协会建立联系：与相关的产业协会建立联系，了解行业发展趋势和技术需求，寻找合适的合作伙伴。

寻找合适的投资机构：如果需要进行技术转移的资金，寻找合适的投资机构进行融资。

需要注意的是，在寻找合作伙伴的过程中，要进行充分的尊重、保密和信任，同时要明确各自的权利和义务，以便更好地推动技术转移合作的顺利进行。

（三）签订技术转移合作协议

高校实验室与企业达成合作意向后，需要签订技术转移合作协议，明确双方的权利义务、技术转移方式和技术转移费用等事项。下面详细介绍签订技术转移合作协议的流程和要点：

1.确定技术转移合作的内容和范围

在签订技术转移合作协议前，双方应该明确技术转移的内容和范围。技术转移的内容可以是技术成果的许可、转让、独家授权、非独家授权等，技术转移的范围可以是某一具体领域、某一地区或全球范围。

2.确定技术转移的价值

技术转移的价值通常体现在技术转移费用、股权、知识产权等方面。在签订技术转移合作协议前，需要对技术转移的价值进行评估，以确定技术转移费用、知识产权保护和分配等问题。

3.确定技术转移的方式和期限

技术转移的方式可以是许可、转让、独家授权、非独家授权等。双方应该根据技术转移的具体情况选择最合适的技术转移方式。技术转移的期限应该明确，包括技术转移的时间、技术转移的方式和技术转移的期限等。

4.确定技术转移的风险和责任

在签订技术转移合作协议前，双方应该对技术转移可能产生的风险进行评估，并确定各自的责任。技术转移可能产生的风险包括知识产权争议、技术产生的质量问题等。

5.确定技术转移合作的条件和要求

技术转移合作的条件和要求包括技术转移的范围、技术转移费用、知识产权保护和分配等。在签订技术转移合作协议前，双方应该就这些条件和要求进行协商，并达成共识。

6.确定技术转移的保密和保护措施

技术转移合作是指高校实验室将自主研发或创新的技术成果转移给企业或其他机构，以实现科技成果的商业化应用或推广。签订技术转移合作协议是技术转移合作的必要步骤，旨在规范双方的权利和义务，确保技术转移合作的顺利进行。以下是一些常见的保密和保护措施：

（1）签订保密协议

在技术转移合作协议中加入保密条款，明确技术转移的保密要求，对双方涉及的机密信息和商业机密予以保护。

（2）技术保护措施

对技术成果进行专利申请和技术鉴定等，确保对知识产权的保护。

（3）信息安全保护措施

建立相应的信息安全保障机制，包括数据备份、网络安全等，保证技术信息的安全和完整。

（4）限制接触人员

在技术转移过程中，限制接触技术和机密信息的人员范围，只授权给具有相应资格和授权的人员。

（5）保密管理

在技术转移合作的全过程中，对保密信息的传输、存储、访问、使用等都需要进行严格的保密管理，确保不被泄露。

（6）违约责任

在合同中规定违约责任，明确违反保密协议的责任和赔偿标准。

（7）法律保护

在技术转移合作中，如果发生知识产权的侵权行为，可以通过法律手段来保护自己的合法权益。

（四）技术转移方式的选择

技术转移方式包括技术许可、技术转让、合作研发等方式。高校实验室需要根据自身技术水平、市场需求和合作伙伴的需求等情况，选择适合的技术转移方式。在确定技术转移方式时，需要根据实际情况综合考虑多个因素，包括技术的性质、市场需求、转移方案等。以下是常见的技术转移方式：

1. 技术许可

指将技术成果或专利技术授权给另一方使用、生产或销售，以获得授权费或提高技术的影响力。技术许可可以是独占性的，也可以是非独占性的，可以针对一个地区、一种产品或一种技术进行授权。

2. 技术转让

指将技术成果或专利技术全部或部分转让给另一方，由另一方负责后续的研发、生产和销售，并支付一定的转让费用。

3. 技术合作

指高校开放实验室与企业、政府机构等进行合作，共同开展研发、生产或销售，通过技术合作实现技术转移。

4. 技术服务

指高校开放实验室为企业、政府机构等提供技术咨询、技术支持、技术培训等服务。

在选择技术转移方式时，需要根据高校实验室的技术成果特点和合作伙伴的需求进行选择，并在协议中明确技术转移的方式和具体实施细节，以确保合作的顺利进行和合作成果的最大化。同时，也需要遵守相关法律法规和合同条款，保护技术的知识产权和保密性。

（五）技术转移过程的管理

高校实验室需要建立科技成果转化管理制度，对技术转移过程进行监督和管理，确保技术转移合作的顺利进行。

1.管理技术转移进度和实施质量

管理技术转移进度和实施质量是技术转移过程的重要方面。需要明确技术转移的时间节点、进度安排和实施标准，制订相应的计划和措施，监控和评估技术转移的实施情况，确保技术转移按计划、按标准实施，实现预期效果。

2.管理技术转移过程中的知识产权问题

在技术转移过程中，知识产权问题需要得到妥善管理。在签订技术转移协议时，应明确技术转移涉及的知识产权归属、使用、转让等事宜，制定相应的保密和保护措施，避免知识产权纠纷。

3.管理技术转移过程中的风险控制

技术转移过程中存在一定的风险，如技术转移失败、技术泄漏、合同履行等问题。为有效控制技术转移过程中的风险，需要制定相应的风险控制措施，加强风险监测和评估，及时发现和解决技术转移过程中的问题，确保技术转移的安全和顺利进行。

4.管理技术转移的信息共享和沟通

技术转移过程中的信息共享和沟通对于技术转移非常重要。需要建立有效的信息共享和沟通机制，及时了解技术转移的进展情况、风险控制情况、需求变化情况等，为技术转移的决策提供支持和参考。同时，还需要加强与合作伙伴之间的沟通和协调，协商解决合作过程中出现的问题，维护合作伙伴之间的合作关系。

5.管理技术转移的经济效益

技术转移对于高校实验室来说，是将科研成果转化为实际产值的重要途径之一，同时也可以帮助企业获得技术优势，增强企业的竞争力，从而达到共赢的效果。因此，在进行技术转移的过程中，必须注重经济效益的管理。

首先，高校实验室在确定技术转移的方式和合作伙伴时，需要考虑经济效益，选择具有合作潜力和市场前景的合作伙伴，以确保技术转移后能够产生良好的经济效益。

其次，在技术转移的过程中，需要明确技术转移的收益分配机制，包括技术成果的权属、收益的分配方式和比例等，以确保技术转移的经济效益得到合理的保障和分配。

另外，高校实验室在技术转移的过程中需要注重技术转移的质量和效益，确保技术转移的实施符合国家法律法规和相关政策规定，同时也要注重技术转移的可行性和风险控制，尽可能减少技术转移中的风险和损失。

最后，在技术转移完成后，高校实验室需要对技术转移的经济效益进行评估和分析，包括技术转移的收益情况、市场竞争情况、技术创新情况等，以便为今后的技术转移提供有益的经验和教训，进一步提高技术转移的经济效益。

（六）技术转移合作的评估

高校实验室需要对技术转移合作进行评估，了解技术转移合作的效果和影响，为今后的技术转移合作提供参考。

1.技术转移合作的评估内容

技术转移合作的评估应该具备以下几个方面的内容：

评估指标的确定：评估指标是评估技术转移合作效果的重要依据，应该根据技术转移合作的性质、目标和所涉及的领域来确定。评估指标应该包括技术效益、经济效益、社会效益、环境效益等方面。

数据收集和分析：收集数据的来源可以包括技术转移合作过程中的各种记录、报表、资料、调查问卷等等。数据分析的方法包括统计学方法、财务分析方法、风险评估方法等等。通过数据分析，可以了解技术转移合作的进展情况，找出问题所在，制定改进措施。

评估报告的撰写：评估报告应该包括技术转移合作的目的、实施过程、评估指标、数据分析、评估结果和建议等内容。评估报告应该客观、准确地反映技术转移合作的情况，对评估结果和建议应该进行解释和说明。

评估结果的应用：评估结果应该为技术转移合作的管理和决策提供参考。通过评估结果，可以了解技术转移合作的效果，找出问题所在，制定改进措施，提高技术转移合作的效率和效益。

2.技术转移合作的评估过程的注意事项

在进行技术转移合作的评估过程中，需要注意以下几个方面：

技术转移的市场潜力评估：评估技术转移项目的市场需求和市场规模，确定技术转移的可行性和发展前景，从而制定合理的营销策略和商业模式。

技术价值评估：评估技术转移项目的技术含量、技术难度和创新性等方面，以确定技术的市场价值和价值定位，从而确定技术转移的价格和收益分配方式。

技术成果评估：评估技术转移项目的技术成果和技术成熟度，以确定技术转移的技术可靠性和稳定性，从而降低技术转移风险。

合作伙伴评估：评估合作伙伴的技术实力、资源优势和信誉度等方面，以确定合作伙伴的选择和合作方式，从而降低技术转移合作风险。

法律合规性评估：评估技术转移项目的知识产权、合同法律效力、保密性等法律合规性方面，从而避免合同纠纷和知识产权纠纷等法律风险。

经济效益评估：评估技术转移项目的经济效益，包括技术转移收益、投资回报率、利润率等方面，从而确保技术转移合作的经济效益和社会效益。

第七章　新时期高校实验室评价与质量保障

第一节　高校实验室评价的意义和目标

高校实验室评价是指对高校实验室的建设、管理和运行进行系统性评估的过程，旨在评估实验室的水平和效益，发现问题和不足，提供改进和优化的方向和建议。实验室评价是一种重要的管理手段和科学决策工具，有助于提高实验室的整体管理水平、促进科研成果转化和人才培养，以及加强实验室与外部合作和开放交流。实验室评价是高校实验室建设和管理的重要组成部分，对于实验室建设和管理具有重要的指导意义。

一、高校实验室评价的意义

高校实验室评价的意义主要体现在以下几个方面：

（一）促进实验室管理的科学化、规范化和现代化

通过实验室评价可以了解实验室的管理状况，发现存在的问题并进行改进，从而推动实验室管理的科学化、规范化和现代化。高校实验室评价对实验室管理的科学化、规范化和现代化起到了重要的促进作用，具体表现在以下几个方面：

1.帮助实验室发现问题和改进管理

实验室评价可以通过科学的方法和手段，对实验室的各项工作进行系统、全面、客观的评估和分析，发现实验室管理中存在的问题和不足，进而有针对性地制定改进措施和管理方案，提高实验室管理水平和科研能力。

2.提高实验室管理的科学性和规范性

实验室评价可以引导实验室管理者和工作人员在工作中遵循科学的管理理念和方法，推动实验室管理规范化和现代化，从而提高实验室管理的科学性和规范性，提高实验室的运行效率和管理水平。

3.促进实验室建设和发展

实验室评价可以根据实验室的发展阶段和目标，评估实验室的科研能力和发展潜力，为实验室的建设和发展提供重要的参考和指导。评价结果还可以作为实验室申请科研项目、招聘科研人员和开展国际合作的重要依据，进一步促进实验室的发展和进步。

4.增强实验室的社会责任和社会形象

实验室评价可以对实验室的社会责任和社会形象进行评估和反馈，帮助实验室管理者和工作人员认识到实验室的社会责任和形象在实验室发展中的重要性，促进实验室与社会的融合和互动，增强实验室的社会责任和社会形象。

（二）提高实验室的运行效率和实验成果的质量

高校实验室评价对于提高实验室的运行效率和实验成果的质量具有重要意义。通过对实验室的评价，可以发现实验室在管理、设备、人员、质量等方面的问题，进而有针对性地进行改进和提高，从而提高实验室的运行效率和实验成果的质量。

首先，实验室评价有助于发现管理方面的问题。通过评价，可以评估实验室的管理水平，如实验室的规章制度是否健全、管理人员是否到位、各项管理制度是否得到有效执行等，从而发现实验室管理方面的问题，进而有针对性地进行改进和提高。

其次，实验室评价有助于发现设备方面的问题。设备是实验室开展实验的重要条件，实验室评价可以对实验室的设备进行评估，发现设备的瓶颈和不足，从而有针对性地进行改进和提高。

再次，实验室评价有助于发现人员方面的问题。实验室人员的素质和能力是影响实验室工作质量的关键因素之一，实验室评价可以评估实验室人员的技术水平、素质和能力，从而发现实验室人员方面的问题，有针对性地进行改进和提高。

最后，实验室评价有助于提高实验成果的质量。实验室评价可以评估实验的操作流程、检测方法、数据处理等方面，发现实验成果中存在的问题，进而有针对性地进行改进和提高，从而提高实验成果的质量。

（三）为学校的决策提供科学依据

高校实验室评价就是对高校实验室进行全面、系统、科学、客观评估和监测，以检验实验室的工作质量、效益和管理水平，发现实验室存在的问题并提出改进措施，以促进实验室管理的科学化、规范化和现代化，提高实验室的运行效率和实验成果的质量，为学校的决策提供科学依据。下面从三个方面详细探讨高校实验室评价为学校决策提供科学依据的具体内容。

1.提高高校实验室的管理水平

高校实验室评价是一项全面、系统的工作，包括对实验室的设备、环境、人员、管理等多个方面进行评估和监测，可以全面了解实验室的运行情况，发现实验室存在的问题并提出改进措施。通过评价可以检验实验室的工作质量、效益和管理水平，发现实验室管理的不足之处，及时进行改进，提高实验室的管理水平。同时，通过评价还可以制定科学合理的管理制度和管理规范，规范实验室的管理行为，确保实验室的正常运行，提高实验室的工作效率。

2.推进高校科研工作的发展

高校实验室评价就是对实验室的科研工作进行评估，可以全面了解实验室的科研水平和科研成果的质量。通过评价可以及时发现实验室在科研方面存在的问题，制定相应的解决方案，提高实验室的科研能力和科研成果的质量。此外，评价可以为高校制定科研发展战略提供科学依据，指导高校科研工作，促进高校科研工作的持续健康发展。

3.促进高校人才培养能力的提高

高校实验室评价作为促进高校人才培养的重要手段之一，可以在以下几个方面发挥作用：

（1）优化教学资源配置

高校实验室评价可以帮助高校了解实验室的设备和资源使用情况，以及师资力量的情况，进而为高校教学资源的合理配置提供科学依据。评价结果可以反映出实验室存在的问题和不足，针对这些问题，可以通过调整教学资源配置，优化教学环境和设备，提高实验室的使用效率和实验教学的质量，为学生提供更好的学习体验。

（2）改进人才培养方案

高校实验室评价结果可以为高校改进人才培养方案提供参考。评价结果可以反映出实验室在培养过程中存在的问题，如实验教学内容的不合理、实验操作难度过大等，可以根据评价结果对人才培养方案进行改进和调整，提高实验教学的针对性和实效性，更好地培养人才。

（3）促进实践教学和科研能力的提升

高校实验室评价可以促进实践教学和科研能力的提升。评价结果可以反映出实验室存在的技术问题和瓶颈，为实验室技术改进和提升提供指导。同时，评价结果也可以为实验室在开展科研方面提供科学依据，使实验室在科研方向和研究重点的选择上更加科学合理。

（4）促进人才培养和产业发展的结合

高校实验室评价可以促进人才培养和产业发展的结合。评价结果可以帮助高校了解实验室在产学研结合方面存在的问题和不足，针对这些问题可以通过技术转移、人才培训等方式与产业界合作，为产业界培养和输送高层次人才，促进科技创新和产业发展。

（四）增强实验室与外界的交流合作

高校实验室评价能够帮助实验室更好地与外界进行交流合作，促进实验室与外界的紧密联系和协作，从而更好地实现实验室的开放和共享，具体作用如下：

1.促进与产业界的交流合作

实验室评价能够全面客观地评估实验室的科研能力和技术水平，帮助实验室确定技术方向和优势领域，进而更好地与产业界进行对接，开展技术转移、合作研发等活动，提升实验室与产业界之间的合作水平和质量，为学生提供更加丰富多彩的实习、实践机会，促进人才培养和产业创新。

2.促进与其他高校和研究机构的交流合作

实验室评价能够客观评估实验室在学术研究和技术应用等方面的实力和水平，为实验室开展学术研究和技术创新提供有力的支撑。评价结果可以向其他高校和研究机构公开，从而吸引其他高校和研究机构与实验室合作，加强各方之间的学术研究和技术交流，提升整个行业和领域的发展水平。

3.促进与政府部门的交流合作

实验室评价能够全面客观地评估实验室在科技创新和人才培养方面的实力和水平，有利于与政府部门展开交流合作，共同制定相关政策和发展规划，为实验室的长期发展提供有力的政策和经济支持。

4.促进国际合作

实验室评价结果可以作为实验室向国际同行介绍自身实力和水平的重要参考依据，为实验室开展国际合作和交流提供有力的支撑和保障。

（五）提高实验室的知名度和声誉

高校实验室评价的一个重要作用是提高实验室的知名度和声誉。一个实验室的知名度和声誉是评价其研究水平和科学研究成果的重要指标之一。一个实验室的知名度和声誉可以从多个方面衡量，例如论文被引用次数、获得的奖项和荣誉、参与的国际合作项目等。在评价实验室时，需要考虑这些因素，并将它们作为评价实验室的重要指标之一。

首先，评价实验室的科研水平和成果的一个重要指标是论文被引用次数。一个实验室的论文被引用次数越多，说明其研究成果对学术界的影响力越大，其研究水平也越高。因此，在实验室评价中，需要对实验室的论文被引用情况进行评估。除了论文被引用次数，还可以考虑以实验室所发表论文的质量、数量、影响力等指标来评价实验室的学术水平和声誉。

其次，实验室获得的奖项和荣誉也是评价实验室知名度和声誉的一个重要指标。例如，实验室成员获得的国家自然科学基金、国家科学技术进步奖等荣誉，以及在国内外学术界获得的奖项，都可以反映出实验室的研究成果和学术水平。因此，在评价实验室时，需要考虑实验室成员获得的奖项和荣誉情况。

最后，实验室参与的国际合作项目也可以作为评价实验室声誉的一个指标。实验室的国际合作项目可以增加实验室的知名度和声誉，同时也可以提高实验室的研究水平和成果的质量。因此，在实验室评价中，需要考虑实验室参与的国际合作项目数量、质量和影响等因素。

综上所述，实验室的知名度和声誉是评价实验室的一个重要指标，实验室评价需要综合考虑实验室的论文被引用次数、获得的奖项和荣誉、参与的国际合作项目等因素，从而全面评价实验室的声誉和知名度。

二、高校实验室评价的目标

高校实验室评价的目标可以从以下几个方面进行考虑：

（一）评价实验室的综合水平

高校实验室评价旨在全面了解实验室的综合能力和水平，包括实验设备、技术人员、科研成果、管理制度等各方面的情况，以此来评估实验室的整体水平。在评价实验室的综合水平时，可以从以下几个方面入手：

设备设施：评价实验室设备的先进性、完备性和使用状况，包括设备更新率、仪器设备的数量和品种、设备的质量和性能、设备使用情况等。

人员队伍：评价实验室人员的数量、构成和素质，包括实验室教师和科研人员的专业背景、学历水平、职称等情况，以及技术人员的数量、素质和职称等情况。

科研实力：评价实验室的科研实力和科研能力，包括实验室的科研项目数量、科研成果数量和质量、科研团队的实力和质量等情况。

教学水平：评价实验室的教学水平和教学成果，包括实验室的教学任务完成情况、学生的实践能力提高情况、学生毕业后的就业情况等。

管理能力：评价实验室的管理能力和管理水平，包括实验室的管理制度和流程、管理的规范性和科学性、实验室的管理效率和服务水平等情况。

通过评价实验室的综合水平，可以全面了解实验室的实力和能力，为实验室的管理和发展提供科学依据。同时，对于学校和社会各界了解实验室的质量和水平也具有重要的意义。

（二）评价实验室的科学研究水平

科学研究是高校实验室的核心任务之一，高校实验室评价的目标之一就是评估实验室在科学研究方面的能力和水平，包括科研成果产出、科研团队建设等。

1.研究成果

评价实验室的科学研究水平的重要指标是研究成果。这包括发表的科学论文数量和质量、参加的国际和国内学术会议、研究成果的专利数量等等。同时，也需要关注研究成果的创新性和实用性，以及对行业和社会的影响。

2.科研团队

科研团队是科学研究的重要组成部分，评价实验室的科学研究水平需要考虑科研团队的规模和质量。这包括团队成员的学历和学术背景、团队成员的学术贡献和研究方向、团队成员之间的合作和协调等等。

3.科研设备

科学研究需要科研设备的支持，评价实验室的科学研究水平需要考虑科研设备的现代化程度、数量和使用情况。这包括科研设备的性能和功能、设备维护和保养、设备的利用率和使用效率等等。

4.科研经费

科研经费是支持科学研究的重要保障，评价实验室的科学研究水平需要考虑科研经费的使用情况和管理方式。这包括科研经费的来源和分配、经费的使用效益和成果、经费管理的规范和透明度等等。

5.科研环境

评价实验室的科学研究水平需要考虑科研环境的建设和管理。这包括实验室的硬件设施、实验室的安全管理、实验室的管理制度和规范等等。同时，也需要考虑实验室的软环境，如团队文化、科研氛围等等。

6.国际交流

科学研究的国际交流和合作对于提高实验室的科学研究水平非常重要。评价实验室的科学研究水平需要考虑实验室的国际化程度、国际交流和合作的情况和成果等等。

（三）评价实验室的教学能力

高校实验室不仅仅是为科学研究服务的，也是为教学服务的。因此，高校实验室评价的目标之一是评估实验室在教学方面的能力和水平，包括课程设置、实验教学质量等方面。

1.课程设置

实验室的教学能力与其所提供的课程设置密不可分。评价实验室的课程设置需要从以下几个方面考虑：

（1）课程内容是否全面

实验室的课程设置应该与所属学科的主干课程相衔接，对学生进行必要的专业基础训练和实践操作。同时，还应该根据实际需求，设置与新兴领域相关的前沿实验课程，为学生提供掌握和应用新技术的渠道和机会。

（2）课程难度是否适宜

实验室的课程难度应该与学生的专业水平相匹配。课程设计应该考虑到学生的学习进度和实践能力，尽可能让每一个学生都能够完成实验任务并取得成果。

（3）课程体系是否合理

实验室的课程设置应该构建一个完整的课程体系，涵盖专业基础、专业课和实践课等多个层次。同时，还应该根据学生的需求，提供不同方向和层次的课程供学生选择。

2.实验教学质量

实验教学质量是评价实验室教学能力的重要标准。实验教学质量的好坏不仅影响到学生的学习效果，也反映了实验室的教学水平和专业素养。下面从实验设备和教学方法两个方面详细介绍。

（1）实验设备

实验设备是实验教学的基础条件之一，其好坏直接关系到实验教学的效果和质量。优质的实验设备应当具备以下几个方面的特点：

性能稳定，数据准确。实验设备应当具有稳定的性能，能够保证实验数据的准确性。一些高级的实验设备可能需要进行校准和维护，以确保其精度和可靠性。

操作简单，易于理解。实验设备的使用应当尽可能简单易懂，能够让学生快速上手并理解实验原理。同时，应当充分考虑学生的操作安全，设备上应当明确标识危险部位和注意事项。

适用性强，能够满足教学需要。实验设备应当具备一定的通用性和适应性，能够满足不同课程和实验要求的教学需要。此外，还应当注意实验设备的更新换代，及时更新和替换老旧的设备。

（2）教学方法

教学方法是实验教学的另一重要组成部分。针对不同实验和学生的特点，应当选择合适的教学方法。以下是一些常见的教学方法：

示范教学法。教师通过对实验步骤和操作流程的演示，让学生了解实验原理和实验过程，以便更好地完成实验。

合作学习法。将学生分成小组，每个小组内的学生相互合作，共同完成实验任务。通过相互交流和讨论，学生能够更好地理解实验原理和方法。

问题解决法。在实验中出现问题时，教师应当引导学生找出分析问题和解决问题的方法，培养学生的解决问题的能力和思维方式。

（四）评价实验室的社会服务能力

高校实验室评价的一个重要方面就是评价实验室的社会服务能力。实验室除了要承担科学研究和教学任务外，还应该为社会提供服务，为地方经济发展和产业升级做出积极贡献。以下是评价实验室社会服务能力的一些具体内容。

1. 与企业、政府等机构的合作情况

实验室应该通过与企业、政府等机构的合作，将自身的科技成果应用于社会实践，推动技术创新和产业升级。评价实验室的合作情况，可以从合作机构的数量、合作项目的数量和质量、合作成果的转化情况等方面考查。另外，实验室与合作机构之间的合作模式、合作机制和合作效果等也需要进行评价。

2. 技术转移和创新创业方面的能力

实验室的技术转移和创新创业能力是评价其社会服务能力的重要方面。评价的内容包括实验室的技术转移和创新创业成果、成果转化率、技术转移收益等。此外，实验室的创新创业支持体系、创业团队培育能力、创业服务质量等也需要进行评价。

3. 社会服务的影响力

实验室的社会服务能力也需要从其影响力方面进行评价。影响力可以从多个角度来考察，如科技成果在社会上的传播情况、实验室在解决实际问题中所发挥的作用、实验室服务的受益群体数量和质量等。实验室的社会服务影响力越大，就能够为实验室赢得越多的社会支持和资源。

4. 社会责任的履行情况

实验室不仅要为社会提供优质的科研和教学服务，还应该履行相应的社会责任。评价实验室社会服务能力的时候，需要考察实验室的社会责任履行情况，如是否积极参与社会公益事业、是否遵守相关法律法规、是否保障实验室员工的权益等。

（五）评价实验室的安全管理能力

高校实验室评价的另一个目标是评估实验室在安全管理方面的能力和水平，包括安全制度建设、实验操作规范、应急预案等方面。评价实验室的安全管理能力，需要从以下几个方面进行考虑和评估：

安全制度和规章制度的完善程度：实验室应该建立完善的安全管理制度和规章制度，包括实验室管理体系、安全保障体系、应急处置体系等，确保实验室内的实验活动能够在安全的环境下进行。

安全设施和装备的完善程度：实验室应该配备完善的安全设施和装备，包括安全门、警报系统、防火系统等，以及相应的防护设备和个人防护用品等，确保实验室内的实验活动能够在安全的环境下进行。

安全意识和安全管理能力：实验室应该加强对工作人员和学生的安全意识培养，加强安全教育和培训，提高工作人员和学生的安全意识和安全管理能力，确保实验活动能够在安全的环境下进行。

安全风险管理能力：实验室应该建立完善的安全风险管理体系，包括实验风险评估、实验安全风险控制和实验安全事故应急处置等，确保实验活动能够在安全的环境下进行。

安全管理的执行力：实验室应该加强对安全管理的执行力，加强安全检查和监督，确保安全制度和规章制度得到有效执行，确保实验活动能够在安全的环境下进行。

安全管理的持续改进能力：实验室应该建立安全管理的持续改进体系，加强对安全管理的评估和反馈，及时进行调整和改进，不断提高实验室的安全管理能力，确保实验活动能够在安全的环境下进行。

评价实验室的安全管理能力需要从以上几个方面进行综合评估，提高实验室的安全管理能力，确保实验活动能够在安全的环境下进行。

第二节　高校实验室评价的指标体系和方法

高校实验室评价的指标体系和方法是评价实验室综合水平的重要手段，可以帮助实验室了解自身发展的状况和问题，进一步推动实验室的发展和提高实验室的综合水平。

一、指标体系

高校实验室评价的指标体系是评价过程中的重要组成部分，可以用来衡量实验室的综合实力和水平。包括在高校实验室评价指标体系中的指标：

（一）综合实力指标体系

综合实力指标体系是对实验室综合实力的全面衡量。主要包括实验室的规模、基础设施、人才队伍、科研能力、教学水平、社会服务能力等多个方面。

1. 实验室规模指标

实验室的规模是评价实验室综合能力的基础。规模指标可以从实验室的面积、设备数量、工作人员数量等方面来评估。规模越大，实验室的综合实力就越强。

2. 基础设施指标

基础设施是实验室正常运转的基础，也是评价实验室综合能力的重要方面。基础设施指标可以从实验室的设备、仪器、实验材料等方面来评估。设备的数量、种类和功能齐全程度，以及维护保养和更新换代情况，都是衡量实验室基础设施的重要指标。

3. 人才队伍指标

人才队伍是实验室的核心力量，也是评价实验室综合实力的重要方面。人才队伍指标可以从实验室的教师、博士、硕士、本科生队伍等方面来评估。教师的学历、职称、科研经历和能力，学生的学历、专业分布和实践经验等都是评价人才队伍的重要指标。

4. 科研能力指标

科研能力是评价实验室综合实力的重要方面。科研能力指标可以从实验室的论文发表数量和质量、科研项目批准数量和质量、成果转化情况等方面来评估。在评价科研能力时，需要综合考虑实验室的科研经费、科研合作能力和团队合作能力等因素。

5. 教学水平指标

教学水平是评价实验室综合实力的重要方面。教学水平指标可以从实验室的课程设置、实验教学质量、学生实践能力培养等方面来评估。教学水平的高低对实验室的整体实力和声誉都有重要的影响。

6. 社会服务能力指标

社会服务能力指标是衡量高校实验室社会服务能力的重要指标之一，其主要反映实验室与社会、产业等各方面合作的情况和效果，可以从以下几个方面来评价：

合作机构数量和质量：评价实验室开展社会服务的广泛程度和深度。合作机构包括企业、政府机构、科研机构等各类单位，合作质量则反映出实验室与合作机构之间的互动和影响力。

合作项目数量和质量：评价实验室社会服务的实际成果和质量。合作项目包括科技成果转化、技术服务、咨询顾问等，合作质量则反映出实验室的服务能力和影响力。

科技成果转化效果：评价实验室开展科技成果转化的效果和影响力。这包括了科技成果的市场化程度、实际应用情况、经济效益等多方面的考核。

社会影响力：评价实验室在社会上的声誉和影响力。这包括了实验室在学术、产业、社会等方面的知名度、认可度和公信力等。

创新创业能力：评价实验室在创新创业方面的能力。这包括了实验室所培育的创新创业人才的数量和质量、开展创新创业项目的数量和质量等。

（二）科研水平指标体系

科研水平指标体系是对实验室科研水平的评价。主要包括科研项目、成果转化、论文发表、科技奖项等方面。

1.科研项目指标

科研项目是实验室科研的基础，能够反映实验室科研的活跃度和水平。科研项目指标主要包括：

科研项目数量和经费：包括国家级、省部级及其他各类科研项目的数量和经费。

项目质量：评估项目申请书的质量和是否符合实验室的科研方向和实际需求。

项目完成情况：评估科研项目的完成情况，包括完成率、是否按时完成等。

2.成果转化指标

成果转化能够评估实验室的科研成果在经济、社会等方面的实际效益。成果转化指标主要包括：

科技成果转化项目数量和经济效益：包括实验室完成的技术成果转化项目的数量和经济效益。

技术转化能力：评估实验室的技术转化能力和水平，包括技术成果的产业化、推广应用等方面。

3.论文发表指标

论文发表是评价实验室科研水平的重要指标之一，也是科研成果的重要表现形式。论文发表指标主要包括：

论文数量和质量：评估实验室的论文数量和质量，包括在SCI、EI等国际权威期刊上发表的论文数量和质量等。

学术会议论文数量和质量：评估实验室在学术会议上发表的论文数量和质量。

4.科技奖项指标

科技奖项是对实验室科研成果的一种高度认可和表彰。科技奖项指标主要包括：

国家级科技奖项：包括国家自然科学奖、国家科技进步奖、国家技术发明奖等国家级奖项。

省部级科技奖项：包括省部级自然科学奖、省部级科技进步奖、省部级技术发明奖等省部级奖项。

（三）教学质量指标体系

教学质量指标体系是对实验室教学质量的评价。主要包括课程设置、教材建设、实验教学、学生成绩、毕业生就业等方面。教学质量是高校实验室评价中至关重要的一部分，其指标体系具体如下：

1.课程设置

评价实验室的教学质量首先需要评估课程设置是否合理，包括是否满足学生需求、是否覆盖了核心知识点和前沿研究方向等。

2.教材建设

评价实验室的教学质量还需要考虑教材的质量和适应性，包括是否符合课程要求、是否与最新的教学内容保持同步等。

3.实验教学

实验教学是实验室教学的重要组成部分，其指标包括实验设计的合理性、实验操作的规范性、实验数据的处理和分析、实验报告的撰写能力等。

4.学生成绩

学生成绩是评价实验室教学质量的重要依据之一，其指标包括课堂表现、作业成绩、实验成绩等。

5.毕业生就业

评价实验室教学质量还需要考虑毕业生就业情况，包括毕业生就业率、就业质量、就业行业等。

在指标体系的设计中，需要注意各项指标的权重分配，以及各项指标的评价方法和评价标准的制定。同时，还需要建立完善的数据采集和管理系统，确保数据的准确性和可靠性。最后，评价结果需要及时反馈给实验室管理人员，以便及时纠正存在的问题，提高实验室教学质量和效率。

（四）安全管理指标体系

安全管理指标体系是对实验室安全管理能力的评价。主要包括安全管理制度、安全设施、安全管理流程、安全教育、安全检查等方面。

1.安全管理制度

实验室应建立健全的安全管理制度，制定各类安全管理规章制度和操作规程，确保实验室的安全管理工作有章可循，对实验室的安全保障起到基础性作用。

2.安全设施

实验室应配备完善的安全设施，包括消防设施、安全门禁系统、安全监控系统、安全防护设施等，确保在实验室突发事件发生时能够及时处理，保障人员和设备的安全。

3.安全管理流程

实验室应建立完善的安全管理流程，包括实验室进出管理流程、实验操作流程、实验事故处理流程等，确保实验室工作的规范和安全。

4.安全教育

实验室应定期组织安全教育和培训，加强人员的安全意识和技能，使实验室工作人员养成安全工作习惯，提高实验室的安全管理水平。

5.安全检查

实验室应定期进行安全检查和隐患排查，发现安全隐患及时处理，防止安全事故的发生。

以上指标可以作为评价实验室安全管理能力的主要指标体系，同时也可以根据实验室的具体情况进行适当的调整和补充。评价实验室的安全管理能力可以通过实验室安全检查、实验室安全演练、实验室安全培训、实验室安全记录等方式进行。评价的结果可以作为实验室安全管理的参考和改进依据，提高实验室的安全管理水平，保障实验室工作人员的安全。

（五）资源共享指标体系

资源共享指标体系是对实验室资源共享能力的评价。主要包括设备共享、技术共享、人才共享、项目合作等方面。

1.设备共享方面的指标

设备总量：评价实验室的设备总量及设备种类。

设备更新率：评价实验室设备的更新、维修及淘汰率等情况。

设备利用率：评价实验室设备的利用率及流转情况。

设备共享率：评价实验室设备的共享率及设备共享的覆盖面和共享率等情况。

2.技术共享方面的指标

技术服务人员数量：评价实验室的技术服务人员的数量和专业背景。

技术服务质量：评价实验室的技术服务的质量及服务对象的满意度。

技术转化数量：评价实验室的技术转化数量及技术转化率。

技术服务收益：评价实验室技术服务所获得的收益。

3.人才共享方面的指标

人才流动率：评价实验室人才的流动情况及流动率。

人才交流量：评价实验室人才的交流数量及交流范围。

人才培训计划：评价实验室人才培训计划及培训效果。

4.项目合作方面的指标

合作项目数量：评价实验室与外部单位合作项目的数量及质量。

合作项目覆盖领域：评价实验室与外部单位合作项目的覆盖领域及专业方向。

项目合作模式：评价实验室与外部单位合作项目的合作模式及效果。

5.资源管理方面的指标

资源共享管理制度：评价实验室资源共享管理制度的完善程度。

资源共享管理流程：评价实验室资源共享管理流程的规范性及透明度。

资源共享平台：评价实验室资源共享平台的建设情况及使用效果。

建立科学合理的指标体系，可以帮助高校对实验室的资源共享能力进行量化评价，全面了解实验室的资源共享状况，为提升实验室的资源共享能力提供科学依据。

二、评价方法

高校实验室评价的方法主要包括定量和定性两种方法，以及专家评估和自我评估两种方式。

（一）定量评价方法

定量评价方法是指利用数学统计方法对实验室进行评价，主要依据实验室的数量指标进行量化分析和比较。这种评价方法通常采用问卷调查、数据分析等手段，将各项指标进行统计和分析，并通过计算指标得分来评价实验室的水平。

在科研水平方面的定量评价方法：

论文发表数量和质量：通过统计实验室成员近几年发表的 SCI、EI、核心期刊等论文数量和被引用次数，对实验室的科研水平进行评价。

科研项目批准数量和质量：通过统计实验室近几年获得批准的国家级、省级科研项目的数量和质量，对实验室的科研水平进行评价。

成果转化情况：通过统计实验室近几年的技术转移和成果转化情况，评估实验室的成果转化水平。

在教学质量方面的定量评价方法：

学生成绩：通过统计学生课程考试成绩、实验报告成绩等，对实验室的教学质量进行评价。

就业情况：通过统计毕业生就业情况，包括就业率、就业单位和岗位等信息，评估实验室的教学质量。

在安全管理方面的定量评价方法：

安全事故发生率：通过统计实验室近几年的安全事故发生率，对实验室的安全管理水平进行评价。

安全检查合格率：通过统计实验室近几年的安全检查情况，对实验室的安全管理水平进行评价。

以上定量评价方法需要对数据进行统计和分析，可以较为客观地反映出实验室在不同方面的综合水平和发展趋势。

同时，在进行定量评价时，需要注意数据的可靠性和准确性。对于不同实验室之间的比较，也需要考虑实验室所处的学科领域、实验室规模等因素的差异。

（二）定性评价方法

定性评价方法是指通过对实验室的定性描述和评估，结合专家意见和学生反馈等非量化指标，来评价实验室的水平。这种评价方法通常采用专家访谈、实地考察等手段，结合各项定性指标，对实验室进行分析和评价。

专家访谈是一种常用的定性评价方法，通过面对面的方式对实验室管理人员和专家学者等进行访谈，以收集他们对实验室综合实力、科研能力、教学质量、安全管理等方面的看法和建议。在访谈时，需要提前设计好访谈问题，明确访谈的目的和范围，让专家在访谈中深入探讨实验室的各项工作，并从专业的角度出发，对实验室的运营管理提出合理化建议。

实地考察是指通过到实验室进行现场观察和调查，对实验室的硬件设施、软件系统、管理制度、安全措施、实验教学等方面进行评估。实地考察可以全面了解实验室的建设和运营情况，发现实验室存在的问题和不足之处，并提出改进和优化建议。实地考察需要设计好考察方案，明确考察内容和方式，对实验室的各项工作进行全面、客观、准确的评估。

除了专家访谈和实地考察等方式，定性评价方法还可以采用问卷调查、案例研究等方式进行。通过设计合适的问卷，针对不同的受众群体，调查他们对实验室综合实力、科研能力、教学质量、安全管理等方面的看法和建议。案例研究是指通过对一些典型的实验室进行深入的研究，从中总结出一些实践经验和成功做法，为其他实验室提供借鉴和参考依据。

综上所述，定性评价方法是一种较为灵活、直观的评价方法，能够更全面、客观地了解实验室的实际情况，发现问题和不足之处，并提出改进和优化建议。定性评价方法与定量评价方法相结合，可以为高校实验室评价提供更加全面、准确的评估结果。

第三节　高校实验室质量保障体系和机制

高校实验室质量保障体系和机制是确保实验室运行符合一定标准和规范，保障实验室教学、科研和社会服务的顺利开展的关键。

一、高校实验室标准化建设和质量管理

在当代高校教育事业发展过程中，注重培育学生创新精神以及实践能力，这些非常契合当代素质教育的关键内容。高校实验室在学校培养人才时，发挥的作用越来越显著了，具有其他教学模式难以取代的效能。因此，高等学校要意识到这一点，全面展现高校实验室培养人才的作用。

（一）高校实验室标准化建设概述

高校实验室属于科研场所，承担诸多教学任务。高校实验室标准化建设及管理，实则就是结合一系列标准、文件、规范和人力、物力，落实科学的标准管理工作。标准实则即"约束"，这种约束具有一定目的、意义及效益。实验室标准化建设及管理，可使实验及检测结果更科学、精准。

然而，在标准化建设及管理实验室之际，需要结合实验室具体状况，制定科学适用的管理方式。高校实验室标准化建设及管理，具有一定必要性，主要就是按照国际规范完成

分析检测的操作过程。一些实验室实验人员，在具体工作中，由于理解后执行标准及规范的差异，导致质量活动、质量目标以及质量方针相互偏离。《校准和检测实验室能力的通用要求》中，存在众多要素，有效配置实验室资源，尽量实现实验室质量方针、质量目标，管理好实验室岗位以及加强人员培训，更有益于高校实验室未来的发展。

（二）高校实验室标准化建设原则分析

1.目标一致性原则

在评估过程中，需要把评估目的转化成相关的评价指标。在具体设计时，选择指标之际，要全面围绕评价目的，这是很重要的一点。针对标准化建设评价体系的制定，要全面围绕规范管理、提升效益、提高水准等评估目的，以便能为评估目的提供优质服务。

2.客观性原则

大多高校实验室均以培养高级应用型专业人才为核心目的，所以在选择评价指标之际，要关注相关人员的动手能力、创新精神等，选取指标时要保障目标的全面性、独立性及整体性。其中，每一指标看似毫无关联，但实则又是同一整体，能够在一定程度上揭示实验室之本质。

3.导向性原则

完善标准化建设评价，能够促进高校实验室持续发展，不断提升实验室人才培养质量。在选择指标时，要保证指标极具导向性，提出明确标准，即可衡量标准，进而帮助高校实验室解决标准化建设时出现的相关问题。

4.定量与定性结合原则

定量指标评估结果相对准确、客观，得出的结论极其精准，具有一定可信度。然而，由于实验室工作具有复杂属性，不能全部通过定量指标做分析，需要结合一些定性指标，整合定量指标及定性指标，保障综合应用，才能全方位评价实验室工作，进而增强评估结果的可靠性及有效性。

（三）高校实验室标准化建设工作实践

1.标准化规范确立

高校实验室标准化规范的创建，需要结合一系列标准、文件，本质目的在于强化实验室内涵，以保证实验室满足高校事业发展要求。在建设实验室过程中，要遵循一定标准，进行充分研讨，广泛征求相关人员意见。高校实验室评价标准体系大致可以分为七大类，其中包含35小项，每1项都设有细致化的评价内容以及不同级别的评价标准和评估方式。比如在体制与管理建设项目评价时，以创建文件、管理体制、规划建设、管理手段为主要评价内容，而在队伍与培训建设项目这一方面，评价内容主要在于人员结构、岗位职责、实验室负责人以及人员考核等。

2.评估实施

高校实验室评估工作主要可以分为三大阶段，第一阶段各单位组织本单位内相关实室落实自评工作，第二阶段由各个单位提交具体的自评报告，学校评估工作小组组织专业人士针对教学单位的实验室进行现场检查以及评估，第三阶段要汇总相关评估情况，进行全面性分析，公布最终评估结果，提出反馈意见。

（四）高校实验室标准化建设实践效果

学校可通过文件形式明确实验室建设标准，并提出规范性管理要求，令基层单位明确如何规范及管理实验室，将实验室建设和管理工作提到全新高度，凸显实验室在培养人才时的关键作用，而且还能全面发挥实验室诊断功能、引导功能以及促进功能。在针对高校实验室进行评价评估工作时，能够发现高校实验室标准化建设过程中存在一些问题，因此在后期建设实验室时就要持续深化标准化建设理念。

1. 促进及推动实验室管理的相关工作

标准化建设高校实验室，可以凸显实验技术队伍建设的重要意义，促使学校采用各种各样的措施，建设高质量实验技术队伍。同时，在实验室标准化建设之际，进一步凸显实验室安全教育及管理工作内容，积极探索及创建实验室安全教育体系以及管理体系。此外，实验室标准化建设后，能够全面规范管理大型贵重仪器及相关设备，保障有关资源共享，组织展开计量认证以及检查工作。

2. 实验室建设及管理标准体系

在高校实验室标准化建设实践基础上，继续研究以及修订全新的实验室建设和评价标准，能够创建学校实验室建设和管理的标准化机制，从而保障高校实验室标准化建设工作及管理工作朝着纵深方向发展。

3. 催生新工作理念及工作体系

在实验室标准化建设之际，令学校管理人员及实验室管理人员意识到了实验室评价工作的重要价值，接受以及创建全新的质量管理理念和相关工作模式，全面明晰学校实验室建设管理工作的相关思路以及方案，并选择有效手段，落实管理工作。学校强化业务管理，创建实验室评价及质量管理机构，针对实验室展开分类评价以及工作评估，结合学校各种质量管理体系的要求，针对实验室进行有效的质量控制及管理。

（五）高校实验室标准化建设实践的相关反思

1. 高校实验室标准化建设以技术队伍为前提

高校实验室标准化建设及发展，需要得到人力资源的支持，关键在于人。历年以来，高校实验室均格外关注实验技术队伍建设实践问题。在评价体系以及激励机制等方面做了众多工作，希望能够在实验技术队伍建设这一方面突破相关问题，取得实际成效。高校实验室在发展过程中，可以创建实验技术成果奖等相关项目，并围绕具体项目，针对专业人员进行业务培训，强化实验室管理，以便能够提高实验室技术队伍建设品质。

2. 高校实验室标准化建设以经费投入为根本基础

在高校实验室标准化建设和管理时，需要应用大量经费。新时期的实验场所，无论是在购进设备还是在修建场所等方面，都有较多需求，需要持续增加对实验室场所的修缮费用以及相关仪器的购置费用。因此，在这些方面，均要增加投入力度，才能保障高校实验室建设满足实验室教学及科研需求，真正强化实验室支撑能力、保障能力。

3.完善评价指标体系属于高校实验室标准化建设的核心内容

高校不断地优化相关指标体系，能够增加实验室整改力度。强化宣传指导工作，展现优秀实验室的示范引领作用，把优秀实验室管理好、经营好，并在高校内部进行推广，以便能大幅度提升高校实验室的整体管控水平，在实验室建设管理、安全教育管理以及资源开放共享等方面，都要力求新收获以及进步。

4.规范化管理是高校实验室标准化建设的关键

在高校实验室发展过程中，三分依靠建设，七分依靠管理。若想真正管理好实验室，并且展现实验室资源的作用，令其在高校及实验室人才培养方面发挥重大价值，就要进行精细管理，全面强化实验室规范化管理水平。使用信息化技术及相关设备，在场所管理、人员管理及设备管理等方面，都要创建较为完备的规范化管理制度，并且要创建新时期高校实验室效益考核制度，全面展现资源应用效益。

5.注重因地制宜及循序渐进

高校实验室标准化建设工作，绝非在短暂时间内能取得理想成绩。在具体实践过程中，不可按照客观条件盲目照搬其他高校实验室经验。比如在实验室已建成后，则无法针对现有实验室进行大幅度整改，只能按照现有情况，秉持因地制宜原则，进行小范围的变动，而且要保证变动的内容符合客观条件。一些工作的变动，需要遵循相关条件，比如计量仪器校正工作，学生做实验的玻璃计量仪器，需要在学生每完成一次实验后，立即校正一套，方便后期使用，而在配置药剂、保养仪器以及针对相关设备进行维护时，都需要遵循固有的规定和要求。

6.取得执照并争取为社会服务

高校实验室在标准化建设的过程中，应向有关部门申请具体资质认证，参加国家有关部门组织的实验室水平考核活动，以保障高校实验室标准化建设水平逐步提高，所取得的实验结果均符合国家有关部门认可及规定。这样一来，才能保障高校实验室在标准化建设后，朝向市场化方向发展，真正融入于社会，并加速高校实验室标准化建设进程，而且能结合具体的项目锻炼实验室人员的实际工作能力，取得理想的社会效益及经济效益。需要注意的是，高校实验室发展时，要得到高校各级领导的关心及重视。由专业人员为高校实验室标准化建设提供有益指导，这就需要高校实验室管理人员，面向专业领导者汇报实验室标准化建设情况，并说明发展态势，以便能获得支持及帮助，形成标准化建设的良性循环。

二、高校实验室质量管理体系的建立与应用

高校实验室质量管理体系是指一套完整的规范化、标准化、流程化的管理机制，用于保障实验室的安全、质量和效益，提高实验室的运行水平和管理效率。其建立和应用对于

提高实验室的综合实力和竞争力、促进高校人才培养和科研创新、提高社会服务能力具有重要意义。

（一）高校实验室质量管理体系的建立步骤

高校实验室质量管理体系的建立应包括以下步骤：

确定实验室质量管理的目标和原则：明确实验室的质量管理目标，明确质量管理原则和要求，确保质量管理的方向性和可操作性。

制定实验室质量管理制度：建立实验室质量管理制度，包括实验室的管理体系、实验室设备管理制度、安全管理制度等。

建立实验室质量管理流程：针对实验室的管理流程建立具体的质量管理流程，确保实验室的各项管理工作按照规定流程运行。

实验室质量管理的指标体系：根据实验室的特点和实验室管理的需要，建立合适的实验室质量管理指标体系，实现对实验室运行的全面监控和评估。

建立实验室质量管理档案：建立实验室质量管理档案，对实验室质量管理的各个方面进行记录和汇总，实现质量管理的全程跟踪和控制。

定期进行内部审核和管理评审：通过定期的内部审核和管理评审，对实验室质量管理工作进行评估和审查，不断完善和提升实验室的管理水平。

（二）高校实验室质量管理体系的应用

高校实验室质量管理体系的应用需要充分发挥以下作用：

强化质量意识：建立高校实验室质量管理体系，能够让实验室工作人员意识到质量管理的重要性，从而将质量管理融入到实验室工作中，形成持续改进的质量文化。

提高实验室管理效率：高校实验室质量管理体系的应用，能够规范实验室管理流程，优化实验室工作流程，提高管理效率和工作效率。

确保实验室数据可靠性：建立高校实验室质量管理体系，可以制定规范的数据采集、处理、保存和使用流程，确保实验室数据的可靠性和准确性，避免因为数据不准确而带来的误导性和不确定性。

加强实验室安全管理：高校实验室质量管理体系的应用，可以有效提高实验室的安全管理水平，规范实验室安全管理流程，避免因为安全事故带来的负面影响和损失。

提高实验室综合能力：高校实验室质量管理体系的应用，可以促进实验室各项工作的协调和整合，提高实验室的综合能力和综合竞争力，为高校的科学研究和人才培养提供坚实的基础。

三、高校实验室质量保障机制

高校实验室的质量保障机制是保证实验室设施、教学质量和科研能力的重要条件。下面将详细阐述高校实验室质量保障机制的主要内容，包括设施设备、师资力量、管理体系、质量标准、学生评价、资金投入和持续改进等方面。

（一）设施设备

高校实验室设施设备的完整性和先进性是保障实验室教学和科研的重要条件。为此，高校应建立健全的实验室设施设备保障机制。具体包括：

设施设备管理：高校应设立实验室管理部门，制定相应的规章制度，明确实验室设施设备的使用、维护和保养等管理流程，保证实验室设施设备的安全、可靠、先进。

实验室设备更新：高校应定期更新实验室设施设备，更新周期根据设备使用寿命和科学研究及教学要求确定，定期对设备进行检测和维护，确保设备的运行状态和功能完好。

实验室安全：实验室应具有较高的安全标准，建立实验室安全管理制度，定期进行安全检测和培训，确保实验室安全和教学质量。

设施设备投资：高校应充分认识实验室设施设备的重要性，增加实验室设施设备的投入，建立投资保障机制，确保实验室设施设备的质量和先进性。

（二）师资力量

师资力量是保障实验室教学和科研的重要条件。高校应建立健全的师资队伍保障机制，具体包括：

师资队伍管理：高校应设立师资队伍管理部门，建立健全的师资队伍管理制度，明确教师的职责和权利，确保教师有较高的教学和科研水平，有足够的实践经验和教学方法。

师资队伍培训：高校应定期对师资队伍进行培训和进修，提高教师的教学和科研水平，提高教师的工作热情和创新能力。

师资队伍选拔：高校应建立公平、公正的师资队伍选拔机制，通过岗位竞聘、评优评先、聘任评定等方式选拔具有较高教学水平和科研能力的教师。

师资队伍激励：高校应建立师资队伍激励机制，通过工资福利、晋升晋级、学术荣誉等方式激励和激发教师的工作热情和创新能力。

实验室教师队伍建设：高校应注重实验室教师队伍建设，建立健全的实验室教师培养和管理体系，推动实验室教师队伍的专业化和科学化。

（三）管理体系

管理体系是保障实验室教学和科研质量的重要条件。高校应建立健全的实验室管理体系，具体包括：

管理制度：高校应制定实验室管理制度，明确实验室管理的组织结构、职责和权利，规范实验室管理流程及实验室教学和科研活动的管理方式。

管理流程：高校应规范实验室管理流程，包括实验室的开放、关闭、使用、维护和保养等环节的管理，确保实验室管理的合理和科学。

安全管理：高校应注重实验室安全管理，建立实验室安全管理制度和应急预案，加强实验室安全宣传和教育，确保实验室的安全和教学质量。

教学管理：高校应加强实验室教学管理，包括实验室教学计划、教学内容、实验教材和实验教学质量的管理，提高实验教学的科学性和规范性。

设备维护和保养：高校应加强实验室设备维护和保养，制订相应的维护和保养计划，保证设备的正常使用和长期的稳定性。

（四）质量标准

高校应建立实验室质量标准和考核机制，确保实验室设施设备、实验教材、实验教学质量等符合教学和科研的要求。具体包括：

实验室设施设备标准：高校应明确实验室设施设备的标准，规定实验室设施设备的质量和更新要求，建立设施设备管理制度和监管机制，保证实验室设施设备的质量和先进性。

实验教材标准：高校应制定实验教材标准，包括实验教材的内容、质量和适用范围等，保证实验教材符合教学和科研的需要。

实验教学质量标准：高校应建立实验教学质量标准和考核机制，包括实验教学计划、教学内容、教学效果等方面的考核，保证实验教学质量符合教学和科研的要求。

（五）学生评价

学生评价是评价实验室教学质量和科研能力的重要途径。高校应建立健全的学生评价机制，包括：

学生评价体系：高校应建立健全的学生评价体系，明确评价的内容和方式，通过问卷调查、面谈等方式听取学生的意见和建议，反映实验室教学质量和科研能力的水平。

学生反馈：高校应及时反馈学生的意见和建议，建立相应的反馈机制和应对措施，解决实验室教学和科研活动中出现的问题，提高实验室教学质量和科研能力。

学生参与：高校应鼓励学生参与实验室建设和管理，提高学生的责任感和参与感，增强学生对实验室教学和科研的认识和理解。

（六）资金投入

资金投入是保障实验室设施、教学质量和科研能力的基础条件。高校应加大对实验室建设和管理的投入，具体包括：

实验室设施设备投资：高校应注重实验室设施设备投资，建立健全的设施设备投资机制和项目管理流程，确保实验室设施设备的质量和先进性。

实验教材投资：高校应增加实验教材投资，建立实验教材质量监管机制，保证实验教材质量和适用范围。

师资队伍投资：高校应注重师资队伍投资，增加教师工资和福利，激励和激发教师的工作热情和创新能力，提高教师的教学和科研水平。

学生支持投资：高校应注重学生支持投资，提高学生资助标准和数量，改善学生的学习和生活条件，提高学生的学习积极性和学习效果。

（七）持续改进

持续改进是保障实验室教学质量和科研能力的关键环节。高校应建立健全的持续改进机制，包括：

教学改进：高校应定期对实验教学计划、教学内容和实验教学质量进行评估和改进，提高实验教学的科学性和规范性。

管理改进：高校应对实验室管理制度和流程进行评估和改进，提高实验室管理的合理性和科学性。

设备改进：高校应对实验室设施设备进行评估和改进，提高实验室设施设备的质量和先进性。

师资队伍改进：高校应定期对师资队伍进行评估和改进，提高教师的教学和科研水平。

学生参与改进：高校应鼓励学生参与实验室教学和管理的改进，增强学生的责任感和参与感，提高学生的学习积极性和学习效果。

高校实验室质量保障机制是保证实验室教学质量和科研能力的重要条件。高校应建立健全的设施设备、师资力量、管理体系、质量标准、学生评价、资金投入和持续改进等机制，提高实验室教学和科研水平，推动高校实验室的建设和发展。

四、高校实验室质量管理案例

（一）高校力学实验中心的基本构成

高校力学实验中心由硬件、软件和人才三个关键要素组成，这三者相互依存，相互促进。高校尤其注重对人才的创新思维的培养，而先进的硬件设施和新兴的科学技术能使人才的创新思维得到更好的发展；完整规范的实验室管理规章制度等实验室软件能够保障实验室的持续平稳运行；优秀和具备创新精神的现代高素质人才，能够使实验室的硬件及软件得到充分的利用，发挥出更大的科研产出效益。另外，如果一个实验室还具备了丰富的实验室内涵建设，例如：优良的传统、丰富的科学实验经验，以及充分拓展的研究内容等，能够对人才的发展和实验室发展起到重要促进作用。

1. 硬件

高校力学实验中心的硬件主要包括实验仪器设备和相关设施，是最基本的实验室组成要素。实验室硬件是一种具备形象直观特点的有形资产，相比无形资产来说更容易得到重视。硬件设施是开展高校教学和科研活动的主要工具，引入先进的实验仪器和新的科学技术能够为学生和教师科研水平的提高打下坚实的基础。高校应根据自身实验室建设的需求和发展方向合理地购置和配备实验室仪器设备，在满足平时科研实验需求的同时，能够避免因重复购置而产生的浪费。同时将资源进行整合与统筹规划，积极推动实验室的开放和共享，形成一些综合的功能型实验室。还应详细说明硬件管理要求，并指定专人负责定期校正、维护和维修仪器设备，为仪器的维护分配专项资金。

2.软件

高校力学实验中心软件包括根据自身实验室的特点制定的管理规章制度，仪器使用规章，实验耗材购买、使用、库存登记等手册。传统的实验室都是以纸质文件的形式体现上述内容的，而目前有许多软件公司已经开发出十分便捷的实验中心管理的专用软件，这些软件根据各实验室需求和功能不同分为实验室预约、耗材采购、耗材库存等系统，每个系统都可以通过手机软件进行远程管理，降低了实验室管理的难度，简化了实验室管理的过程，节约了实验室管理的成本。另外，实验室管理的信息化和网络化也是目前实验室发展的必然趋势。

3.人才

针对高校力学实验中心的人才配备方面，首先，高学历的科研创新型人才是实验室发挥更大效益的动力；与此同时，维护实验室持续平稳运行的日常实验室管理人员和实验技术人员也是一个完整的实验室人员结构不可或缺的组成部分。高校力学实验中心应为所有实验室人员制订可行的人才培养计划，定期组织各种培训活动，并支持和鼓励实验室人员提高专业水平。只有人才自身得到了发展，才能更好地为实验室服务。

（二）高校力学实验中心建设项目质量

在高校力学实验中心项目建设过程中，应该对项目各个阶段的交付物在技术层面上进行相应的控制和检验，包括承包方内部自检、建设方和第三方检测机构外部检验，最终共同对检验结果进行的评审。这样才能确保该项目建设过程的可控性和成果对于使用者需求的符合性。如果在评审中发现质量问题，必须进行文件记录并采取解决措施，形成质量问题处理的闭环，这样能够及时掌控阶段性交付物的质量。

控制和检验需要明确质量标准，即说明某个过程或工作结果所要达到的质量要求，以及检测是否达到要求所用的方法是什么。可以以数据的形式表达，应该满足可操作的要求。科学地运用项目质量管理方法，实施项目质量管理，能够使项目良性运营。项目质量管理是项目的核心，是项目实现质量目标的保障。

（三）高校力学实验中心建设项目管理的特点

1.项目执行方面

（1）使用者需求

高校力学实验中心的建设理念要求与当前培养高层次人才的目标相匹配，如果建设定位不准确，实验中心建成后就满足不了学校在教学和科研方面的需求，直接造成资源浪费，影响高校的教学和科研计划。所以，从使用者需求的角度看，如何定位高校力学实验中心的建设就显得至关重要。面对新形势、新任务和新要求，高校力学实验中心的功能定位应该是全面的，能够将综合化、人性化和多样化结合。因此，在高校力学实验中心项目建设过程中，项目管理必须以精准的用户需求作为基本原则。在项目建设的立项阶段进行项目建设的需求分析，在实施过程中对需求进行管理，为其科学建设和快速发展奠定坚实的基础。

（2）项目目标的可具体化程度

一般建设项目目标的表现形式主要是经济效益，具有直接、具体和定量的特点，而高校力学实验中心的建设是以技术手段为教学和科研提供服务的基础设施建设，其主要表现形式是社会效益。这也决定了高校力学实验中心建设的项目管理相对于一般建设项目更加复杂，管理的重点和难点更加难以把握。

（3）目标的可考核性

一般建设项目的成果主要体现在经济效益上，而高校力学实验中心建设的成果主要体现在社会效益上，作为一个软指标，社会效益的可评估程度低于经济效益这种可量化指标。许多高校实验中心建设项目出现投资大、建设成果闲置或低利用的问题正是因为成果的可评估性差造成的。

2.组织管理方面

（1）过程管理难度大

由于高校力学实验中心项目建设过程涉及很多部门，参与人员的专业类别较多且具有复杂性，项目的持续时间可能跨越寒假和暑假。在这个过程中，各部门之间存在着大量的工作交接和专业交叉，因此高校力学实验中心项目建设过程管理具有较大难度。从直观的质量层面上来讲，对于项目节点的管理和评审是过程管理难度的主要体现点。节点体现项目的阶段性工作，是项目建设各个阶段的短期目标的实现。通过节点控制，可以直观地掌握项目进展情况和已经取得的成果，并将其与计划进行对比，观察两者是否存在偏差，决定是否需要进行调整和纠偏。项目节点是项目的关键技术因素，对项目能否成功具有重要影响。与一般的建设项目相比，高校力学实验中心建设项目节点的确定、审查和控制工作更复杂，涉及更多的细节，必须密切注意并认真对待。

（2）主要参与方质量管理工作

高校力学实验中心建设项目的质量管理工作与其参与方密切相关。前文中提到高校力学实验中心项目建设是建立在用户需求基础上的，用户就是建设方，即校方。所以，高校力学实验中心建设项目的质量管理必须有用户方，也就是校方的全程参与，与承包方共同实现项目的质量目标。

建设方即校方，是高校力学实验中心建设项目质量管理的核心，与其他建设项目一样，建设方对项目建设能否成功起着至关重要的作用。建设方的质量管理水平的高低直接影响着力学实验中心建设质量能否达标。高校力学实验中心建设项目的质量管理应首先根据项目的总体设计和学校对力学实验中心的功能要求，明确项目目标，确定质量方针；其次，建设方的需求获取、管理、评审等质量管理活动，与建设目标息息相关。

承包方质量管理包括供应、问题解决、质量保障、施工、运行、管理等活动，承包方对高校力学实验中心建设项目能否成功完成起着重要的作用，承包方管理能力的高低直接影响着项目目标的实现，组织能否科学、连续、系统地运转，项目管理活动能否经济、有效地开展直接依赖于项目经理和现场相关负责人员的管理能力。

3.人员素质方面

（1）高水平的专业人才需求

高校力学实验中心的建设项目管理，要求相关专业人员参与到项目调研、可行性论证、方案设计、项目实施到项目竣工验收全过程中。结合高校力学实验中心项目建设的一般环节，所需人才主要包括：实验室所属专业的教学人员，实验人员，管理人员，技术人员。此外，由于在力学实验中心项目的建设过程中参与者众多且专业属性各异，因此丰富而频繁的专业交叉是整个建设过程的常态。因此，有效提高力学实验中心建设效率和进度的关键是组织沟通，它包括不同专业团队成员之间的信息共享、解决问题的思想交流、解决问题效果的评估以及不同部门的专业技术人员和管理人员的合作等等。同时，为了有效地减小高校力学实验中心建设项目人员水平的差距，最大程度上提高人员的能力，还需要进行连续的专业培训。

（2）对管理人员素质要求

在高校力学实验中心项目建设过程中需要复杂的人员组织和沟通，因此要求项目经理有能力带领团队开展工作，细化团队成员的工作，了解项目，进行协商，执行详细的计划，并处理项目实施等过程中出现的突发问题；此外，由于力学实验中心在专业和技术标准等方面的复杂性，管理人员必须具有基本的相关专业知识，还需要充分掌握实验中心建设中涉及的不同专业之间整合的关键点。只有掌握了这些能力，才能正确应对高校力学实验中心项目建设中的突发事件，并迅速解决问题。

4.项目特征方面

高校力学实验中心在建设时更关注科学技术的前沿，这比一般建设项目所涉及的专业知识更为高深，而且高校力学实验中心建设涉及专业更不容易为大多数人所理解和掌握，需要更加专业的组织进行项目管理。此外，高校力学实验中心的项目建设涉及广泛的专业领域，包括实验室装修设计、给排水系统、通风排气系统、电气系统、纯水系统、恒温恒湿系统、供气系统等，是一项复杂的系统工程，有较高的专业衔接密度和较大的交叉施工难度，需具备较强的专业技术水平。各专业相互交错，必须精心设计，统筹安排，准确施工，以确保项目进度和质量。综上所述，高校力学实验中心建设在专业知识深度和广度方面与普通建设项目不同，它具有全面、专业、系统的特点，只有统一部署，整体协调和集中建设，才能从组织和管理的源头更好地控制项目的质量。

5.项目环境方面

项目组织需将与项目相关的国家、行业标准、各种规范以及政府规定考虑在内。当项目所属专业领域暂时还没有相关的标准、规范或者规定时，项目组织应该组织有关人员根据项目的目的和目标制定项目的标准和规范。

（四）高校力学实验中心建设项目质量管理的流程

将高校力学实验中心建设项目的特点结合到实验中心项目建设的基本流程中去，以质量管理理论为基础，对高校力学实验中心建设项目质量管理活动的一般流程进行了梳理，如图 7-1 所示。

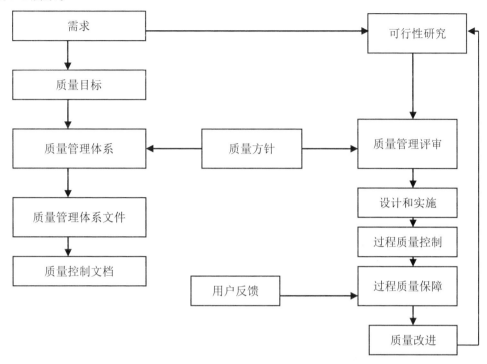

图 7-1　高校力学实验中心建设项目质量管理一般流程

高校力学实验中心建设项目的质量管理，首先要根据高校对力学实验中心功能的需求以及项目的整体设计，明确项目质量目标并确定质量方针。与此同时，项目质量管理人员对用户需求进行确认并进行项目可行性分析。接着，项目质量管理人员根据质量方针和质量目标，建立质量管理体系，形成质量管理体系文件，并在项目实施过程中以文档的形式记录和反馈质量管理工作；根据质量方针和可行性分析，进行质量管理评审。质量管理评审的设计和实施需要通过内部和外部两方面进行，并将质量管理活动融入到质量管理评审中。最后，依据用户反馈和质量控制活动制定过程质量保障措施，并进行质量改进；将质量改进结果反馈到质量管理评审步骤，通过评审，即可以结束流程。

第八章　结论和展望

第一节　结论

本书旨在深入探讨新时期高校实验室建设和管理策略，通过对研究背景、高校实验室建设与规划、管理与运营、人才队伍建设、实验设备管理、开放与合作、实验室评价与质量保障等多个方面的综合研究，形成了以下几点结论：

一、研究背景与综述

在新时期，高校实验室建设和管理已成为高校事业发展的关键因素。通过对现有研究的综述，我们了解到实验室建设和管理在学校运行中的重要性，并认识到新的时代背景对实验室建设和管理提出了更高的要求。

二、实验室规划、设计与装备选择

高校实验室规划应遵循基本原则，同时在设计和装备选择方面需注重关键要点，确保实验室在满足教学和科研需求的同时，具备灵活性和先进性。

三、实验室管理与运营

新时期高校实验室管理面临着新的机遇和挑战。我们明确了实验室管理的重要性，提出了基本原则和方法，同时关注实验室安全和风险管理，以确保实验室运营的顺利和可持续发展。

四、人才队伍建设

高校实验室人才队伍的建设至关重要。书中强调了人才队伍建设的重要性，分析了现状，提出了明确的目标和策略，并探讨了人才队伍的评价和激励机制，以确保实验室人才队伍的高水平建设。

五、实验设备管理

高校实验设备管理应注重内容的完善，通过对现状分析提出了相关措施，以确保实验设备的高效运行、保养和更新，满足实验室的教学和科研需求。

六、实验室开放与合作

开放和合作是实验室发展的重要途径。书中强调了开放的意义和挑战，提出了开放的基本原则和途径，同时探讨了合作的方式和机制，促进实验室与外部资源的充分整合。

七、实验室评价与质量保障

对高校实验室的评价不仅有助于提高实验室的整体水平，还对质量保障提出了明确要求。书中明确了评价的意义和目标，建立了指标体系和评价方法，同时提出了质量保障体系和机制，以确保实验室工作的质量和可持续发展。

八、结论与展望

本书对新时期高校实验室建设和管理进行了全面深入的研究，提出了一系列具有可行性的建议。结论部分总结了本书的主要发现，强调了建设和管理策略的重要性。在展望中，我们鼓励进一步深入研究实验室建设和管理的前沿问题，以适应不断发展的高校事业需求。

第二节 展望

高校实验室建设和管理是高等教育事业中的重要组成部分，随着我国高等教育事业的不断发展和创新驱动战略的不断深入实施，高校实验室建设和管理的未来发展趋势也变得更加明显。本书对新时期高校实验室建设和管理策略进行了深入研究，提出了一系列科学、合理的建议和措施。下面对未来的发展趋势进行展望。

一、加强实验室建设的数字化和智能化

随着信息技术的迅速发展和智能化技术的逐步应用，高校实验室建设和管理将越来越数字化和智能化。未来，高校实验室将大量采用数字化和智能化的设备和管理系统，实现设备的自动化、智能化和互联化。例如，利用物联网技术和云计算技术，实现实验设备的远程监控和控制，提高实验设备的利用率和安全性。同时，数字化和智能化技术也将为实验室的管理提供更多的数据支持和决策依据，提高实验室管理的科学性和精细化程度。

二、促进实验室的开放与合作

实验室的开放和合作是提高实验室科技创新能力和社会服务能力的重要途径。未来，高校实验室将进一步加强内部实验室的开放和共享，建立校内外实验室的合作机制和流程，加强与企业、科研机构等的合作，扩大实验室的社会影响力和科技创新能力。

三、加强实验室安全和风险管理

实验室安全和风险管理是实验室建设和管理中的重要议题。未来，高校实验室将进一步加强实验室安全和风险管理，建立更加科学、严格的安全管理制度和风险管理机制，提高实验室的安全性和风险防范能力。

四、注重实验室人才队伍建设和管理

实验室人才队伍建设和管理是实验室建设和管理中的关键环节。未来，高校实验室将注重实验室人才队伍的建设和管理，制定科学、合理的人才引进和激励机制，加强人才队伍的管理和培养，提升实验室人才的专业技能和团队合作能力，为提升实验室的科技创新能力提供强有力的人才支撑。

五、建立科学、有效的实验室评价和质量保障体系

实验室评价和质量保障是实验室建设和管理中的重要环节。未来，高校实验室将建立更加科学、有效的实验室评价和质量保障体系，建立科学、合理的评价指标体系和方法，实施有效的评价流程，建立科学、严格的质量保障机制，提高实验室的综合实力和专业能力。

六、注重实验室的社会责任和环保建设

实验室的社会责任和环保建设是实验室建设和管理中的重要方面。未来，高校实验室将注重实验室的社会责任和环保建设，加强实验室的社会服务能力和社会影响力，积极参与社会公益事业。同时加强实验室的环保建设，推广可持续发展理念，实现实验室的可持续发展和社会责任。

总之，高校实验室建设和管理是一个不断发展和创新的过程，需要不断地探索新的思路和方法，以适应不断变化的需求和挑战。未来，高校实验室将在数字化、智能化、开放与合作、安全与风险管理、人才队伍建设与管理、实验室评价和质量保障、社会责任和环保建设等方面不断创新和发展，为高等教育事业和科技创新做出更大的贡献。

参考文献

[1] 王金贵，罗飞云，张苏，等. 基于 Delphi 法构建高校实验室应急能力评价指标体系的探索 [J]. 化工高等教育，2021，38（6）：112—117.

[2] 付净，刘虹，刘辉，等. 事故致因"2—4"模型在高校实验室事故分析中的应用 [J]. 实验室研究与探索，2019，38（4）：277—281.

[3] 阳富强，谢程宇，林晓航. HFACS 模型在高校实验室安全管理中的应用 [J]. 实验技术与管理，2020，37（10）：278—283.

[4] 田志刚，郭子萌，佟瑞鹏. 基于致因机理的高校实验室安全事故分析与危机管理探索 [J]. 实验技术与管理，2021，38（6）：265—268+286.

[5] 高文红. 基于 STAMP 模型的高校实验室爆炸事故致因分析 [J]. 实验技术与管理，2021，38（8）：265—268.

[6] 张莹. 新时期高职院校实验室安全管理体系建设与探究 [J]. 辽宁师专学报（社会科学版），2022，93（1）：127—128.

[7] 肖慧娟，杜婕，张旻. 基于知识图谱的国内实验室安全管理研究的可视化分析 [J]. 化学教育（中英文），2022，43（4）：129.

[8] 丁珍菊，方能虎，张建平. 高校实验室安全状况的分析与思考 [J]. 实验室研究与探索，2011，30（6）：414—416.

[9] 李志红. 100 起实验室安全事故统计分析及对策研究 [J]. 实验技术与管理，2014，31（4）：210—213.

[10] 徐晓明，周海，刘青，等. 高校实验室危险源人因主导的阶段性转变与安全防控研究 [J]. 化工设计通讯，2020，46（11）：100—101.

[11] 陈彬，于鹏程，张奇. 典型道路交通事故致因关联规则挖掘研究 [J]. 汽车与安全，2021，（12）：86—88.

[12] 何淼. 基于安全文化制度建设的实验室安全管理实践 [G]. 中国现代教育装备，2021.

[13] 彭华松. 基于安全文化建设的实验室安全管理探索 [J]. 实验室研究与探索，2018，37（9）：335—338+342.

[14] 席海涛. 高校实验室安全管理全口径准入机制建设探索与实践 [G]. 实验技术与管理，2022：210—214.

[15] 王金贵. 基于双重预防机制的高校实验室安全管理体系建设 [G]. 实验技术与管理，

2022：210—214.

[16] 李月 . 独立学院实验室安全准入信息化系统的构建及应用 [J]. 中国新通信，2021（21）：93—94.

[17] 教育部 . 关于加强高校实验室安全工作的意见（教技函〔2019〕36 号）[Z].2019.

[18] 黄典剑 . 安全风险分级管控和隐患排查治理双重预防机制建设计 [J]. 中国安全生产，2017（7）：36—38.

[19] 贺占魁 . 综合治理视角下的高校实验室安全管理体系构建 [J]. 实验技术与管理，2019，36（1）：4—7.

[20] 陆文宣 . 地方特色高校实验室安全管理工作分析 [J]. 实验技术与管理，2018，35（8）：263—266.

[21] 孙杰，尹云锋，李守中，等 . 构建生态学实验室安全管理体系的探索 [J]. 实验室研究与探索，2019，38（6）：273—276.

[22] 赵明，宋秀庆，祝永卫，等 . 新形势下高校实验室安全管理现状与策略研究 [J]. 实验技术与管理，2018，35（11）：6—8.

[23] 孙杰，彭园珍，林燕语，等 . 实验室安全管理体系的建设与实践 [J]. 实验技术与管理，2018，35（7）：251—258.

[24] 肖乐乐，牛超，张慧婷 . 浅谈高校实验室安全管理所面临的问题及对策 [J]. 科技视界，2018（21）：266—267.

[25] 张奇峰 . 多元共治视角下的高校实验室安全管理路径探索 [J]. 实验技术与管理，2019，36（3）：183—186.

[26] 王羽，李兆阳，宋阳，等 . "双一流"建设视野下高校实验室安全管理主动防御模式探讨 [J]. 实验技术与管理，2019，36（2）：8—10+17.

[27] 果雅静，马姝婷，杜龙龙，等 . 加强高校实验室安全管理体制 [J]. 实验技术与管理，2019，36（8）：238—241.

[28] 潘蕾 . 高校实验室安全风险分级管理机制的构建与实践 [J]. 实验技术与管理，2017，34（3）：549—552.

[29] 任萌，段自超 . 高校实验室安全管理体系建设 [J]. 教育教学论坛，2019（4）：14—16.

[30] 张恭孝，崔萌 . 高校实验室安全监督管理机制的构建 [J]. 实验室研究与探索，2019，38（3）：277—280.

[31] 韩玉德 . 新时期高校化学实验室安全管理探析 [J]. 实验研究与探索，2018，37（5）：302—306.

[32] 柏玲，黄镇东 . 高校实验室安全教育重要意义及安全教育体系 [J]. 实验室科学，2019，22（1）：218—220.

[33] 马荔，张卫，陈虹锦，等 . 以人为本的化学实验室安全教育模式建设 [J]. 实验

室研究与探索，2019，38（7）：285—289.

[34] 张卫明. 物联网视域下高校实验室安全智能化管理研究 [J]. 微型电脑应用，2018（8）：54—56+77.

[35] 孙芳芳，陈晨. 开放实验室的运行机制与教学管理 [J]. 电子技术，2021，50（07）：196—197.

[36] 华康民. 高等学校虚拟仿真实验教学项目开放共享模式探索 [J]. 大学，2021（27）：14—16.

[37] 孟洁，朱秀. 融合型开放式医学实验教学平台建设 [J]. 新乡学院学报，2021，38（06）：73—76.

[38] 汤佳立，周正平，张奉国. 开放实验教学体系完善与教学辅助队伍建设的探索与实践 [J]. 科技与创新，2021（10）：144—146.

[39] 郭建虹. 开放式实验教学促进学生高阶思维能力发展的实践研究——以"质量守恒定律"为例 [J]. 化学教学，2019（05）：54—58.

[40] 刘振晶. 山东省高校科技创新平台建设现状与对策分析 [J]. 时代金融，2020（6）：99—100.

[41] 吴志辉，刘梦茹，刘焕彬，等. 面向产业创新的高校大院大所科技成果转化驱动研究 [J]. 科技管理研究，2021，41（4）：97—103.

[42] 宋璐璐，王璐. 以信息化平台建设为依托的实验室管理模式创新与实践 [J]. 教育教学论坛，2017（45）：10—11.

[43] 宁蓬勃，张彦明. 高校院级科研平台的开放创新管理初探 [J]. 实验室研究与探索，2010，29（11）：165—167.

[44] 顾世浦，李曼. 院级科研平台信息化管理模式研究 [J]. 实验室科学，2018，21（2）：229—231.

[45] 盛哲津，李素花. 科研仪器平台在信息化管理系统支撑下的建设及管理 [J]. 教育教学论坛，2019（4）：8—9.

[46] 俞欢军，章薇，章举棋，等. 建立信息化平台加强高校实验室安全管理 [J]. 实验技术与管理，2017，34（7）：4—6+14.

[47] 张丽梅，王昭，易层，等. 新时代学院实验室开放管理的实践与探索 [J]. 实验室研究与探索，2022，41（2）：266—269.

[48] 张亮，袁学智，周学，等. 应用型本科大学化学与生物类实验室标准化安全体系建设 [J]. 上海化工，2021，46（05）：64—68.

[49] 阳富强. 基于三角模糊数和熵权法的高校实验室安全管理 [J]. 安全与健康，2021（09）：60—65.

[50] 李冰洋，黄开胜，艾德生，等. 高校实验室用气安全主要问题与解决方案 [J]. 实验室研究与探索，2021，40（06）：295—300.

[51] 范小花，向阳，刘克辉 . "目视化"管理在高校实验室安全管理中的应用研究 [J]. 高教学刊，2021，7（17）：152—155+160.

[52] 朱雨莲，王旗 . 高校实验室标准化建设思想指导下的 PBL 实验金课建设 [J]. 科技风，2021（16）：69—70.

[53] 靳明，边刚，闰明涛，等 . 标准化和精细化管理模式在环境实验室中探索 [J]. 实验室研究与探索，2021，40（04）：133—136+141.